U. S. LEADER'S WISDOM

跟美国总统
学智慧

张国庆　著

20 位美国总统的智慧图谱，
是你不可错过的幸运指针。

求真出版社

图书在版编目（CIP）数据

跟美国总统学智慧/张国庆著．—北京：求真出版社，2010.3

ISBN 978-7-80258-028-2

Ⅰ．跟…　Ⅱ．张…　Ⅲ．成功心理学—通俗读物　Ⅳ．B848.4-9

中国版本图书馆 CIP 数据核字（2009）第 228798 号

跟美国总统学智慧

著　　者：张国庆
责任编辑：包国红
出版发行：求真出版社
社　　址：北京市丰台区卢沟桥城内街 39 号
邮政编码：100165
印　　刷：北京佳信达欣艺术印刷有限公司
经　　销：新华书店
开　　本：700×1000　1/16
字　　数：120 千字
印　　张：18
版　　次：2010 年 1 月第 1 版　2010 年 1 月第 1 次印刷
书　　号：ISBN 978-7-80258-028-2/B·1
定　　价：28.00 元
编辑热线：（010）83895214
团购热线：（010）83892478　83895215　83895438
销售服务热线：（010）83895215　83895438

序

智者妙语

张国庆是我打着灯笼才找到的一位专家，结果这让我发现了一个“太阳”。

2008年初，北京交通台《行走天下》扩版后把更多的目光投向时事热点，但权威评论员的缺乏让我常常急得抓耳挠腮。选好研究美国方面的专家更是至关重要，有人说：研究透了美国，也就明白了世界问题的一半。这说法虽有些夸张，不过确实能说明从事美国问题研究的重要。

就在这时，新华社的一位友人向我推荐了他，末了甩给我一句话：“您就瞧好吧！”这是怎样的一个人，三头六臂吗？后来一见果然名不虚传，帅气的脸上永远有着一份自信的微笑，走路时不慌不忙中透着那么一股子自信，而最让我没想到的是这样一位大名鼎鼎的国际问题专家居然那么年轻！

赶巧了，那天直播的话题正是刚开始不久的美国总统选举，民主党与共和党正在进行各自党内的预选。第一次上直播，这位幽默的东北人，愣是让我这个干了8年主持的老江湖当场笑翻。比如，他说：“民主党内预选第一站，为什么希拉里输了呢？原因是被布什忽悠了。”也就是在那次直播后，这位老兄几乎如预言家一般对我说：“这奥巴马啊，我看有戏。”

事实证明了张老师的预判，而且后来我也渐渐知道，其实他在国际形势判断上还有很多过人之处：最早对朝核问题做出过准确判断，对布什发动伊拉克战争的真实目的以及可能陷入的困境较早做出清晰判断，还准确预见日本“入常”失败及美国大选结果等等。尤其令人佩服的，是对其中深奥的道理，他擅长用浅显和幽默的语言来解读。

在电台里，张老师迅速拥有了一批粉丝。有一天，谈起美国在阿富汗战争曾经一度拥有很大优势时，他说：“这时候美国人就开始埋汰俄罗斯，说你们原来在阿富汗那么多年一直搞不定，我这一去就搞定了。结果人家俄罗斯又说了，我看你以后怎么收拾！”

他用了一个词：埋汰！于是我就问：“这‘埋汰’是啥意思？”他解释道：“就是砢碜。”我更加找不着北了！听众迅速发来短信：“这嘉宾，用晕词儿解释晕词儿，把牛力彻底弄晕了！”

越来越多的人开始习惯他那种侃谈的方式，每周三在《行走天下》里要是等不着这位老兄总觉得少了点什么，如果来了，他们还免不了要夸上几句，什么“这张老师太有意思了”啊、“嘉宾总结得好”啊、“嘉宾很幽默”啊、“这老兄真能忽悠”啊……看得我是直往外冒酸水。

张老师不仅说得好，写得更是没话说！及至这次看到他的新作《跟美国总统学智慧》，更是让我佩服得不得了，整本书里分开来看就是一个个的小故事，但是幽默的语言再加上智慧的感悟，足以让人们在忍俊不禁中悟出些大道理来。比如：写到“天上掉下和平奖，地上没了席梦思”时，这看似不相干的两件事愣是被他扯得头头是道，末了不忘再幽上一默，说：“席梦思就可以有新广告语了——睡俺席梦思，梦醒拿诺奖。”

读这一段话的时候，我突然发现这实际上就是他当时在节目里即兴点评的内容，而我没想到他在文章中能上升到这样的高度来看问题。看张国庆写的书，仿佛他就坐在你面前，侃侃而谈，妙语连珠。

这是一本写智者的书，这也是一本智者写的书。

牛力

北京交通台主持人，2009 年中国播音主持“金话筒”获得者

2009 年 12 月

前 言

每一朵花开，都不是偶然的，需要阳光，需要水，也需要一些人性的关怀。

一个人是这样，一个国家也是这样。

说起美国，人们会想到繁荣的种种，但却未必所有人都知道，繁荣的背后，是历史的沧桑，是心血的浇灌，是艰苦的抉择。有无数民众的努力和坚持，更有领导者的智慧与人性的光辉。

对于崛起的中国来说，对于每个渴望成功的人来说，一些优秀的美国总统在人生道路上和国务活动中的经验教训，是很值得汲取的养分，也是前进路上的“好朋友”。

这本书是写给大众的。为此，在写法上割舍了学术的做法，希望能让读者轻轻松松地游走于时间的长河中，笑看风云变幻，静观历史沧桑。

这样写，也是受到多位总统的启发。无论是林肯的笑话，还是罗斯福的炉边谈话，抑或是杜鲁门的大实话，其出发点，都是让他人听得懂，而不是像胡佛那样高高在上。这背后，隐含着的，是对人的尊重，是对沟通的看重。

小标题也很是下了功夫，毕竟这是一本书的眼睛，能体现出这本书的神气来。

这时候，会想起“神神气气神神气气不懂老师”，想起那份超然与睿智，而如果您有空看进去，会发现，白宫里来来往往地有过如此多的聪明头脑，如此多的高尚人格，无怪乎美国建国200多年就有了这份基业，这份自信与从容。

星座也是信手拈来的。

一个很偶然的机会，我发现，美国总统的星座还是很有规律的：

双鱼座的4位总统有3人出现在建国之初（华盛顿、麦迪逊、杰克逊），他们为美国国运之开奠定了良好的基础；水瓶座的5位总统有3位（林肯、小罗斯福、里根）都在历史变革中起了巨大作用，而且两个病死（小罗斯福、哈里森）在任上，两个被刺杀（林肯、麦金莱）在任上，可谓鞠躬尽瘁；金牛座的4位总统（杜鲁门、布坎南、格兰特、门罗）在战争和外交方面都很有建树……挺有意思的。

尽管有些八卦，但总还是一个看美国总统的角度。或者，至少使你意识到，历史其实也很好玩。

亲切、闪亮、有趣，并不只是这本书所具有的一切。也许，它带给你的，更多的是看世界的角度和胸怀，是处理问题的干练和高效做法，是人性中的那份朴实与执著，而这些，也正是我们每个人把握机会、走向成功并紧紧拥抱幸福的宝典和智囊。

进一步地，这也有助于我们以更人性的角度看待美国的强大。而我也希望，在我的读者中，最终也出现林肯、罗斯福、肯尼迪这样的杰出人物，引领中国走向更富强与和谐的境地，圆国人的强国之梦。

张国庆

2009. 12

目　录

卡特：做穷人的木匠

福特：美国人真正的公仆

尼克松：跌破“发行价”后如何反弹？

约翰逊：为战争“牺牲”的“伟大社会”

肯尼迪：不死的青春鸟

艾森豪威尔：五星上将总统

杜鲁门：庄稼地里“种出”总统

富兰克林·罗斯福：坐着轮椅进白宫

胡佛：倒霉自有倒霉的道理

柯立芝：睡出来的繁荣

威尔逊：从校长到总统

西奥多·罗斯福：活力也是影响力

林肯：没办法的时候只好笑

U.S. Leader's Wisdom

B. OBAMA

奥巴马：
梦想的宠儿

任期：2009 年 ~

闲着就累的狮子

活力四射

在公共场合如同充满活力的狮子，并且习惯于被众人瞩目。天生具有人气王的潜质。善于说服和引导别人到自己的轨道上来。

精力过剩

休息会使他感到疲劳，相比之下，他更喜欢在频繁的活动中去放松自己。而在施政上，也会有不断推陈出新的作为，但到最后也可能会发现，自己照顾不过来。

有点完美主义

凡事认真细致，总愿把每件事做得完善无缺，并希望通过自己的努力，使周围的人都能欢乐和幸福。但有时也会显得过于执著。

责任心强

有很强的使命感，以助人为乐。

有强烈的家庭意识

家庭是他欢乐的王国，他非常喜爱自己的孩子。很欢迎朋友之间的相互往来。

同一星座的名人：
拿破仑，亨利·福特，卡斯特罗

关键词：

布什的亲戚

奥巴马父母的多次婚姻给奥巴马带来了7个同父异母和同母异父的兄弟姐妹，他的祖先更是来自肯尼亚、英格兰、德国、爱尔兰等地。研究者最后惊奇地发现，奥巴马竟和三位当代总统都有血缘关系，杜鲁门、老布什和小布什都是奥巴马的远亲！

最佳“策反”

对奥巴马来说，最成功的“策反”，就是把“老师”发展成老婆。奥巴马从哈佛法学院毕业后，便跑去米歇尔所在的律师事务所实习，负责指导他的律师就是米歇尔，说起来，他们还是师徒关系。结果，就像杨过一样，奥巴马喜欢上了这个“小龙女”，相识4年后，便与米歇尔喜结连理，而今，妻子已成为他的秘密武器，并且是他的人气保证。

天上掉下个和平奖

奥巴马是罕见的上任十二天就被提名并最终获得诺贝尔和平奖的政治领导人，也是首位上任第一年便访问中国的美国总统。不过他本人对获得诺奖有些不好意思，访华期间，在上海与青年对话时，他就坦言感觉有点不配。

方言大师

奥巴马具有罕见的语言天赋，善于“微妙地借用他的对话者的用语”，他能讲美国的各种方言。奥巴马对自己为什么能够与白人选民沟通做出了解释。他说：“我了解这些人。他们跟我的外祖父外祖母一样。……他们的行为举止、他们的情感、他们的是非观——这一切我都非常熟悉。”

天上掉下和平奖，地上没了席梦思

话说这诺贝尔和平奖可是个最容易制造意外的奖项，2009 年这奖项爆出个啥料呢？大家都知道了，这回可不是一般的小惊喜，而是个震惊世界的重量级炸弹：奥巴马把诺贝尔和平奖拿走了！

这消息不仅咱中国人意外，连人家美国人都纳闷了：他咋就拿走了和平奖呢？按理说，民众和媒体在伊拉克和阿富汗问题上对奥巴马还怨言颇多呢，越来越多的人开始说他华而不实，充其量也就给他个诺贝尔梦想奖，可滑稽的是，这个“华而不实”的老大，竟被其手下从梦中叫醒，告知他拿下了诺贝尔和平奖……

要说美国历史上，确曾有多位总统获得诺贝尔和平奖，西奥多·罗斯福和卡特等都曾因其对世界和平的贡献获此荣誉，但他们的确实实在在地做出了令世人称道的贡献。相比之下，奥巴马的获奖则较多象征意义和想象成分，实际成效基本没有看到。人们看到的，更多的是伊拉克和阿富汗的“越战痕迹”。

不过，诺奖评委们也不是没有话说，由于积极作为，奥巴马上任以来在外交方面还是有人家的成果的。多的不说，咱就说三点吧：这第一点，就是在无核化方面的努力，这也是评委们反复强调的获奖理由；第二呢，就是他在改善与伊斯兰世界关系方面的积极作为，这使他在国际上赢得普遍赞誉；三是与俄罗斯、古巴、委内瑞拉和伊朗等国缓和关系，化敌为友的姿态令人耳目一新，尤其是放弃东欧反导计划的决定为他加分不少。不过，让奥巴马本人都感到难为情的是，这些基本上都是沙滩上画画。

其实，评委们自己也很清楚，选择奥巴马多少有点鼓励的意味，他们也很清楚，奥巴马诸多“功绩”还只是停留在口头上，落实起来还有很大难度。当然了，这里面也有感情因素，那就是对奥巴马的认同和对布什的排斥。所以说，在一定意义上，奥巴马获奖，多少还是要感谢一下小布什，正是布什政府在外交方面诸多弊政，给了奥巴马极大的修补空间，也更容易给世人带来惊喜和期待。这就有点像咱们的A股，跌到了1664点，即便反弹到3478点也足够令人惊喜了，尽管离那套牢无数人的6124点还有很远的距离。

也有另外一种说法，就是欧洲人想用和平奖套住奥巴马，让他不得不为和平与环保多做贡献。不过，这似乎有些一厢情愿。首先，美国人是最不喜欢也最不容易被约束的，让奥巴马因为一个奖杯而放弃美国的利益，那比登天还难。再说了，美国社会也不会答应。充其量，也就只能在符合美国利益的前提下，有条件、有代价地为世界做点事情。

天真的评委，褪色的诺奖。

国际上对奥巴马获奖大感意外，其实也反映出人们对奥巴马外交的一些忧虑。除了担心奥巴马能否落实其美丽诺言外，奥巴马政府的贸易保护主义倾向也十分吸引眼球。在一些观察家看来，和平奖颁给奥巴马有故意无视其贸易保护主义倾向之嫌，而这种倾向对全球经济的恢复乃至世界和平都将产生难以估量的危害。更进一步地，观察家们还担心国际社会过高估计了经济复苏力度，因而才会对贸易保护主义等做法抱有一定程度的麻痹思想。换句话说，如果人们普遍认为金融危机还没有过去，那么，仅仅贸易保护主义一条就足够否决奥巴马的和平奖了。

无独有偶，在奥巴马获奖之际，著名的席梦思公司却宣布申请破产保护了，尽管相对于破产，破产保护还只是个“缓刑”，债主不得强制要求还债，企业还可以正常经营，寻求转机，但问题是，席梦思破产保护所传递的信息并不乐观。在经济学家普遍乐观时，民众生活状况却并未完全好转，预想和现实有很大差异。

咱都知道，美国是世界上更换软床垫最勤的国家，他们换床垫的速度可比咱中国人换手机的速度还快呢。更好玩的是，好事的经济学家还据此推出了观察经济景气程度的重要指标——床垫指数。原因很简单：经济繁荣时，人们心情愉悦，家里那点事儿也挺频繁的，床垫嘛，自然畅销；而经济萧条时，诸事不顺，两口子吵架还吵不够呢，床垫哪里还卖得动呀。看来这席梦思破产保护的意义还真不小，金融危机八成不像奥巴马所忽悠的那样已经成为过去时。

也许，奥巴马先生下一个获奖目标可以锁定诺贝尔经济学奖了。如果奥巴马能真正肃清金融危机的后遗症，激活美国乃至世界经济，那他还真的可以请诺奖评委再次破例一下，以非专业人士的身份弄个经济学奖杯把玩一下。当然了，前提是，他要能够刺激美国人民重新开始频繁更换床垫，那样的话，席梦思可就起死回生了。到时，席梦思就可以有新广告语了——睡俺席梦思，梦醒拿诺奖。

"啤酒"难掩口，"鞠躬"不讨好

一千年前，中国的宋太祖留下了"杯酒释兵权"的佳话，一千年后的2009年7月30日，美国总统奥巴马则邀请此前广受关注的哈佛大学黑人教授被捕事件[1]的当事人——黑人教授盖茨与逮捕他的白人警长克劳利在白宫喝啤酒，希望通过"啤酒峰会"来个杯酒释风波。

其实，这个主意是克劳利出的，而奥巴马只是顺水推舟，把当事人拢在一起，希望能够一笑泯恩仇。不过，美国人对这次"啤酒峰会"的效果并不十分看好，事后的民调表示，41%的美国人对奥巴马此举不以为然。

危机管理专家也不看好这次调解，认为"这肯定是噱头，但奥巴马的天赋是把噱头弄成很有卓见一样"。一位美国专家还将此事与前总统布什宣称伊拉克战争得胜的"任务完成"所落下的笑柄相提并论，区别仅在于"啤酒峰会"效果较好。

白宫的本意是希望通过这种比较有亲和力的做法，为事态降温，但问题却没有那么简单。《纽约时报》的一篇评论的题目就很能说明问题——"盖茨、奥巴马、种族和警察"，也就是说，这起事件之所以引起轩然大波，是因为种族与警察本来就是很微妙的概念，再加上当事人、名教授盖茨，就很能吸引眼球。但真正关键的，是奥巴马的表态，一句"行为愚蠢"使得此事一夜之间"红透"美国。

翻看这一阶段的美国报章，关于"盖茨事件"的报道和评论无处不在，其风头令奥巴马政府的诸多需要媒体好好宣传的政策都黯然失色，而奥巴马所用的"行为愚蠢"一词更是成了当下美国的流行语。这当然不是奥巴马所希望看到的。

如果能够预料到事情会演变成这种局面，奥巴马当初一定会三思而后言的。事实上，正是奥巴马总统一句“行为愚蠢”的指责引发了美国警察的不满，事后不得不多次道歉，还在百忙之中请两位当事人做客白宫。

这确实是一件很敏感的事情。问题的关键，不只是涉及种族问题，也不只是奥巴马与盖茨教授亦师亦友的关系，更重要的是，奥巴马在并未完全掌握事情来龙去脉的情况下贸然做出评论，犯了执政大忌。

正如美国警察同业会的执行主席吉姆·帕斯卡所说的那样，奥巴马在发表此番言论前应该了解事件的真相。事实上，克劳利不仅是前线警员，还在当地警局担任警员培训工作，多年来口碑良好，未曾遭遇任何种族偏见的投诉。相反，他还有一堆种族团结的事迹。而克劳利也表现得非常无辜，在接受多家媒体采访时表示，自己在办案过程中并无过失，总统不了解事实，评论是胡扯。

媒体更是推波助澜。在这个敏感的当口，美国福克斯广播公司知名评论员格伦贝克在一档电视节目中，更是“添油加醋”地直言奥巴马是一个隐藏极深的“种族主义者”，进一步将事态引向升级。尽管福克斯方面马上澄清这仅是格伦贝克的个人意见，但格伦贝克会这样做，并非偶然。

耐人寻味的是，在奥巴马做出“行为愚蠢”表态的当日，美国《政治日报》网站则刊载了一篇评价奥巴马执政术的文章，标题是“管得太多，管得太紧”，将奥巴马比作卡特，认为在奥巴马的行事时间表上，没有重点，没有优先次序。

客观地说，奥巴马的初期执政是可圈可点的，无论是救市的积极作为，还是改善美国形象的努力，抑或是在中美关系等大国关系上的建设性态度，都令人耳目一新。而布什政府留下的烂摊子，也使得他必须马不停蹄地做事。

做的事情多了，改变现状的心情急切，难免会引起一些争议和风波，好在奥巴马行事极具亲和力，屡屡可以转危为安。不过，奥巴马也有需要检讨的地方，就是在类似“盖茨事件”这样的问题上，不宜过分卷入，更不该在不明真相时轻易表态，毕竟，他是美国总统，影响力太大。

更重要的是，奥巴马现在有很多重要的事情要做，被这样的事情纠缠，会耽误大事，会无端耗费时间和人气。对此，媒体也有中肯的评价，认为奥巴马失言不少，道歉多多，经常迅速否定自己，这对执政力会有很大影响。更何况，美国此时仍处于艰难时刻，作为总统，要把主要精力放在思考大局、协调大问题、做重大决策上，而在可以不表态和需要谨慎表态的问题上，有必要多听、少动，以免因小失大。

姿态过火，有时也会惹事。这不，在2009年11月的亚洲之旅中，奥巴马便不经意地陷入了“鞠躬门”风波。

那是在11月14日中午，奥巴马在日本皇宫与明仁天皇和皇后会面。他微笑走上前去，一边和明仁天皇握手，一边深深鞠躬，鞠躬幅度接近90度。随后，奥巴马和日本皇后美智子握手致意。

但令奥巴马自己也有些意外的是，这一举动招致了美国媒体和保守派“炮轰”。《洛杉矶时报》一篇博文题目写道：“他还能低到什么程度？”美国微软－全国广播公司则称这一动作“尴尬”，因为鞠躬时不应有身体接触。另一篇网络文章甚至称奥巴马的深鞠躬为“叛国”。

华盛顿礼仪学校校长艾尔灵说，虽然奥巴马鞠躬明显是为表示尊敬，但天皇夫妇并未期望一名西方国家领导人做出这种举动。换句话说，当时连日本天皇可能都觉得有些意外，因为一国元首向另一国元首做出如此大的鞠躬是不常见的事情，更何况还是美国对日本。就像艾尔灵所说的，“当你代表美国时，每个举动都有含义。人人都看得出来，这更多表现出一种低声下气的姿态”。

应该说，奥巴马此举是有他自身考虑的，意在表现出对亚洲国家的谦和态度，这本无可厚非，但问题是，在他的支持率大降至50%以下，媒体对他诸多言行颇有微词的情况下，其实完全可以减少乃至避免这些明显会带来争议的做法，以便将精力放在解决美国内外困境的关键问题上。

许多事情，本身无所谓对错，问题只在时机是否合适，只在此举是否真的很有必要。在一个人乃至国家陷入困境时，少些横生枝节和画蛇添足的作为，是明智的选择。

“穷人代理人”的胜利

奥巴马赢得2008年大选，多少是有些出人意料的，毕竟在此之前，他的声望与希拉里、麦凯恩等人相比，明显不在一个层次上。而他以非洲裔和政坛新秀的身份，能够从多位政坛老将的包围中杀出来，得益于改变的理念，得益于布什政府糟糕政绩的映衬，得益于金融危机爆发所导致的民众对共和党人极度失望，但也同样得益于他独特的政治之路。

在奥巴马通往白宫的路上，有两段经历十分关键，即做社区组织者和“穷人代理人”。

大学毕业后，奥巴马曾有两年时间就职于高薪的华尔街咨询公司，那时，他是一个标准意义上的资本主义精英，但令人意外的是，他迅速放弃了这条人生道路，选择了服务公众的人生规划，毅然投身与穷人和黑人打交道的社区服务。

1985年，奥巴马成为芝加哥一名年薪仅1.3万美元的社区组织者，负责与芝加哥教会合作搞慈善活动。尽管这个年薪在当时的美国属于“穷人行列”，但奥巴马却始终认为这是他“曾受到的最好训练”，他后来还把这段时间定性为一种“寻根式”的精神觉醒。

就这样，在许多同学大把赚钱之际，奥巴马却在这个职位上一呆就是3年。在这段时间里，奥巴马做的是改善社区的道路、照明、房屋修缮、劳资关系协调等具体而细微的事情，接触到在华尔街很难看到的社会现实，也与穷人产生了深刻的感情，下定决心要为他们“出头”。事实证明，奥巴马复兴社区的能力是他后来竞选的主要号召力，也是许多选民信任这位47岁年轻候选人的依据之一。

1988 年，希望能有所深造的奥巴马，进入了哈佛大学法学院学习，1991 年获得法学博士学位后，回到芝加哥专门从事民权诉讼，开始了多年的“穷人代理人”生涯。在这段生涯中，奥巴马深刻了解了美国的底层社会和民众，也培养出自然而然的亲民思维。

无怪乎美国媒体都感叹道，作为一个从社会底层逐步取得成就的议员，奥巴马对于中低收入阶层的号召力是不可估量的。代表全美 180 万工人利益的工会组织“劳工服务国际工会”领导人在接受记者采访时分析道：“奥巴马拥有许多独有的‘财富’。他了解工人们每天的生活，比其他政治家更愿意慎重思考该如何帮助他们解决各种困难。”

正确的选择，总是会有相应的回报。当了多年“穷人代理人”，奥巴马积攒起雄厚的民意资本，并成功地树立起清廉简朴、为百姓着想的形象。而他从社会底层依靠一己之力奋斗出头的个人成长史，加上他雄辩的口才和灿烂的笑容，更是俘获了众多美国人的心。事实上，蓝领阶层和社会底层选民也确实成了决定 2008 年美国大选最重要的社会力量，在穷人中，奥巴马的支持率是麦凯恩的两倍。让许多穷人充满认同感的是，奥巴马不仅少年贫寒，即便是在国会中，他也是所有参议员中最穷的，并且是唯一需要自己报税的参议员。

抛开时势上的原因，奥巴马的胜利，可谓是态度的胜利。他勇于更新自我的态度，他与穷人打成一片的态度，他乐观从容的态度，对中下阶层和青年人，都有着天然的感染力和号召力。

最会说话的是耳朵

奥巴马政治形象清新，是民主党近年来少见的“人气王”，他很容易就能跨越鸿沟，其谦恭和笑脸让人感到亲切，都想和他说说话。而最能拉近距离的，是奥巴马用心倾听别人的风格，这与前任布什形成鲜明对比。

倾听的姿态，是奥巴马外交新政的主色调。在谈到美国的欧洲盟友时，奥巴马特别提到，盟友之间应该互相倾听意见，互相学习，最重要的是互相信任。于是乎，接触、倾听、协商成了奥巴马政府处理国际事务的重要手段，也成为“灵巧外交”的行动指南。

用心倾听，不仅是一种姿态，更是推倒诸多横亘在国与国之间的高墙的需要。在一次讲演中，奥巴马特别指出，最富有和最贫穷国家之间的墙不能存在下去，种族和部落、原著民和移民、基督教徒、穆斯林与犹太教徒之间的墙不能存在下去。“这些墙我们现在必须推倒”。而为了推倒这些看得见或看不见的“墙”，奥巴马政府充分借助公众外交来打开局面，表现出诚恳、低调的行事特点。

虽然奥巴马有很好的口才，但他更清楚，耐心倾听有时是最好的言辞。为了改善与阿拉伯世界的关系，在非洲和拉丁美洲树立美国负责任的“领袖”形象，奥巴马政府明显比布什政府更注意倾听，更注意保持沟通渠道的畅通。

值得一提的是，奥巴马的身世坎坷，以及他与穷人长期打交道的经历，都使得他能够耐心听人说话，为人着想，这样就使普通民众对他有了更多的认同感。在谈到奥巴马的受欢迎程度时，美国媒体的普遍看法是：奥巴马是一个从社会底层走出来的美国总统，所以他对于普通大众有着很强的号召力。

认同感还来自奥巴马的“弱点”。奥巴马的妻子米歇尔还曾专门谈到不为人所知的奥巴马，大讲丈夫生活的中“糗事”，“揭发”丈夫睡觉鼾声阵阵，早晨醒时还臭味熏人，以至于女儿们都不愿意爬进他的被窝和他亲近。不仅如此，米歇尔还曾透露过奥巴马不会收拾床铺和袜子等“糗事”，有意思的是，米歇尔这样做，反而让奥巴马更人性化了，不知不觉中进一步拉近了与民众的距离……

关键要看导师是谁

奥巴马所创造的历史奇迹，不是偶然的，在他身后，闪烁着的，是历史上多位杰出总统智慧的光辉。从某种意义上说，正是那些前任总统的处事原则，带给了奥巴马竞选和执政的灵感及精神支持。

在重振国民信心方面，奥巴马向富兰克林·罗斯福学习了许多。正如小罗斯福总统在1933年所说的那样，“我们唯一恐惧的就是恐惧本身”，而今，奥巴马则多次表示，美国会再次站立起来，从困境和寒冬中。而无论是他迅速的救市举措，还是相信未来的乐观情绪，都深深鼓舞了那些一度失去信心的人。

在“形象设计”方面，奥巴马则师从同乡林肯总统。像出身贫苦的林肯一样，奥巴马的草根背景，以及他从街头少年到社会精英的转变历程，都使得他更容易为选民所接受。从奥巴马进军白宫途中对林肯的追忆可见，奥巴马在努力从林肯身上寻求自信、乐观和智慧的支持，让国民意识到，“在深冬的严寒里，唯有希望和勇气才能让我们存活……面对共同的危险时，我们的城市和国家要勇敢面对”！

难能可贵的是，奥巴马还从肯尼迪总统那里深刻体会到美国“力量的局限”问题。经历了布什时期的外交梦魇之后，加之金融危机的寒风袭来，无论是奥巴马，还是普通美国人，都比以往更清楚地认识到硬币的另一面——美国也有脆弱之处，也不乏有求于人的地方。

而在本质上，联系着奥巴马与肯尼迪的，是那种开创未来的历史感。正如雨果·孟斯特堡所言，“将美国人与他的同胞紧密联系在一起的既不是种族，也不是传统，更不是过去的历史，而是他们共同创造的未来”。

奥巴马对总统原则的温习，对历史的尊重，也佐证了本书的价值。正如我在拙著《总统们——美国崛起的秘密武器》中所说的，一个强大的国家，一定是重视历史和传统的国家，它善于从前人身上汲取养分，并升华时代精神和民族精神。同样的，一个强大的人，也一定是善于从优秀文化和杰出人物身上吸取养分的，尽管这并非国家或个人崛起和强大的唯一因素，但却是不可忽略的重要因素。

智慧分享

从底层干起的奥巴马，是不折不扣的寻梦者，对于那些志在改变命运的人有着很强的示范性。他选择人生道路和爱人的做法，都非常值得希望有较大作为的年轻人借鉴。

积极的态度，积极的选择，常常会带来积极的结果。

[1] 2009年7月16日，58岁的哈佛大学黑人教授亨利·盖茨回家时因门锁故障欲破门而入，不料被邻居误认为窃贼，后来又拒绝配合白人警察詹姆·克劳利的调查，结果被以妨害治安罪逮捕。误会澄清后，盖茨怒斥警方种族歧视还扬言要打官司，但克劳利则辩称自己完全照章办事，并不存在过错。就在双方争执不下时，盖茨的好友、美国总统奥巴马的表态让事态迅速激化，他出面痛斥警方“行为愚蠢”。深感委屈的克劳利随即要求总统道歉，并得到了所在的剑桥市警局的支持。

G. Bush

小布什：为什么会住在奥巴马的楼下？

任期：2001 ~2009 年

很傻很天真的巨蟹

牛仔作风双刃剑

骨子里洋溢着孩子般的天真和率直，好相处。但在另一方面，也会很执拗，比如在伊战问题上。

依赖家庭

始终与家庭，尤其是母亲保持密切的关系。最喜欢家庭聚会了。

朴实，还有点笨拙

不善于在公众面前表现自己，经常说错话。有好事的人，还编辑了“布什错话集”，乐倒一片。

够朋友

平易近人，容易相处，很愿意帮助人。这也可以解释，为什么即便在他走背字时，他的朋友和同事还对他很忠诚。

喜欢自然和运动

小布什是个体育迷，喜欢运动、旅行和各种消遣娱乐活动。想想他在北京奥运当拉拉队长的样子，真的很可爱。

同一星座的名人：
卢梭，海伦·凯勒，杜邦

关键词：

智商

从就任总统开始，小布什的智力程度一直是许多媒体和谣言聚焦的话题，有些人甚至还质疑小布什的智商过低，尽管到目前为止小布什根本没有公开正式的智商测验指数。贬低小布什的人还经常引出他在各种公开演讲中犯下的一些文法错误和语无伦次，小布什在发音上的一些错误也常被反布什媒体和人士作为嘲笑目标。保守的估计，小布什的智商不高于100。

奥运会

对中国人来说，布什一家人都来北京看奥运会，是一件很能说明中美关系进展的事情。尽管当时有很多人要求小布什抵制北京奥运，但他却不以为然，还组成了庞大的家族观赛团。事实上，小布什在中美关系上的贡献，足以让中国人记住。

最佳选择

对小布什来说，爱情的降临充满偶然性，但看上去却显得那样自然。小布什和劳拉应该说是很有些缘分的：他们实际上是一起在米德兰长大的，两家只相隔半英里，他们在休斯敦还曾经住过一个公寓大楼……只是他们过了几十年才认识。对于这场婚姻，小布什心怀感激，认为这是人生中的最佳选择。

不走运

小布什也无没想到自己作为总统会经历“9·11事件”、卡特琳娜风灾以及金融风潮这些历任美国总统都很难碰上的连串危机时刻。遗憾的是，小布什没有林肯或是小罗斯福总统的领导能力，因此当他无法妥善处理这些事务之后，对于他的谴责之声自然席卷而来。在他卸任后，媒体和学界安慰他说，不是他不努力，而是实在太不走运。

牛仔玩政治，很可爱，但却很麻烦

卸任不久的小布什总统，应该说是美国历史上争议较大的总统之一。他的直率性格、执著的精神，吸引了不少美国人，但他在外交上的单边主义做法，一厢情愿地推进美国式民主，以及在全球变暖等问题上不负责任的态度，则令人非常失望，在世界范围内也引起了强烈不满。

那么，是什么让大家对他产生如此复杂和矛盾的看法呢？

在美国，即便是在小布什卸任后，喜欢和信任他的人仍有很多，但反感他的人也不在少数；在世界范围，不喜欢小布什的人就更多了。在阿拉伯世界、在欧洲、在世界的其他许多地方，小布什的牛仔作风，他的单边主义作风都引起了极大的非议。

和里根一样，小布什也来自美国的西部地区。广袤的沙漠，疾驰的骏马，铸就了刚健粗犷、勇于冒险的西部牛仔文化，这样的文化在小布什的身上留下了深深的烙印。作为坚定的理想主义者，小布什富有冒险精神，个性强硬，崇尚武力，这种性格作为普通人倒无可厚非，但作为一个超级大国的领导人，却不能不让人担忧。

更令人不安的是，小布什身上有着浓郁的宗教气息，自信对全世界肩负着神圣的使命，小布什不仅把美国比做“民主的灯塔”，还极力在阿拉伯世界和世界其他地方推行美国式的民主，这也使他在那些地区成了不受欢迎的人。

对于小布什政府的思维方式和行为方式，即便是许多美国人都觉得难以理解。美国媒体曾经评价说，小布什政府完全像个乳臭未干的孩子……那些十几岁的孩子总是犯错误，因为他们想用一种极其简单的方式来解决复杂问题，他们的思维里只包含着一些非常孩子气的时间观，缺乏对别人的认同，并且疯狂自恋，以及只能说服自己的荒谬逻辑和道德观。

心理学家则认为，小布什的偏执劲头对他的政治生涯有着很大的负面影响，因为他持有一种黑白分明的道德观及不能容忍模棱两可的心态，这种对模棱两可无法容忍的心理会导致其拉帮结派，对事物的看法先入为主而得出不成熟的结论，并且喜欢按照简单化的陈腐老套的方式办事。比如小布什政府因为相信伊拉克拥有大规模杀伤性武器而忽视与其立场相反的情报，就是出于这种封闭和偏执的心理状态。

来自《华尔街日报》的记者约翰·麦金农的忠告也许能帮助人们厘清小布什的得失所在："在采取能对子孙后代的生活、我们的资源和我们的荣誉产生影响的行动之前，我们所采取的方法要包括一个明确可信的目标，一个经多方讨论过的连贯的计划；了解对现在有启示的历史，了解所采取方法的局限性；真正地替那些和我们不一样的人换位思考，不是光从感情上予以声援；尊重其他人和其他国家；超越以自我为中心的社会伦理；从内心尊重团结、独立、隐私和自由。"这些话，对其他的领导者又何尝不是一剂良药呢？

政治就像打棒球?

小布什是一个彻头彻尾的棒球迷。还是在婴儿时，母亲芭芭拉就带他去看了第一场球赛，在8岁时就成了巨人队的球迷。对他来说，棒球不仅是愉悦心灵的运动，更是引发灵感的游戏。棒球没有时间限制，或者说用不着时钟，除非一局之内三次出界，否则就无须受人为的限制，这很符合小布什的牛仔性格。

和很多棒球迷一样，小布什也非常喜欢比赛中的间歇，因为这段时间可以用来思考、记忆，比较现在和过去，同时也可以与同伴交流。他常说，看棒球最好跟你喜欢的人一起去，因为能有许多时间谈话，你们可以一起谈论棒球，谈论儿女，谈论生活。有一段时间，小布什每年都要与夫人劳拉看十几场棒球赛。在他看来，那是为家庭和朋友安排的时间，他们的女儿也在球场长大，他们也在球场招待来自各地的朋友。

不仅如此，棒球的挑战还会激发他的竞争意识。这种挑战对大家是一视同仁的，身高正常的人都可以从事棒球运动，用球员和播音员约·加拉基欧拉的话说，“棒球每次都给你提供成功的机会，然后棒球又把所有的压力带给你，为的是证明你还没得到它给你的机会。棒球从来不把机会从你身边拿走，它也从不把压力拿走”。

更重要的是，棒球还使小布什成为自林登·约翰逊以来最富有的总统候选人。1989年初，老布什的旧交埃迪·席勒决意要卖掉自己的“得克萨斯漫游者队”，对于这样一个投身于他一生钟爱的棒球事业的机会，小布什自然不肯轻易放弃，他用他的石油公司被出售时的所得买下了球队的部分股份，并被推选与爱德华·罗斯共同负责球队的日常管理。几年后，小布什卖了得克萨斯漫游者队，赚了1500万美元，这个数字比他想象的要多，也使得他拥有了从政的丰厚经济基础。

还有一个潜在的收益是知名度的提升。尽管小布什所持球队的股份少得可怜，但他却表现得像是俱乐部真正的主人一样。他参与各项赛事，在电视上进行评论，四处签名，并印发载有他本人照片的棒球卡片。没过多久，小布什就成了得克萨斯州的知名人物，从而为他日后竞选州长打下了良好基础。更耐人寻味的是，在成为州长后，这家俱乐部还成了布什的公关公司，默默为他做了许多工作。

在投身政治生活之后，小布什还发现了棒球与政治的关系。用他的话说，棒球更像是生活中做出的努力，因为“棒球是乐观者追求的目标，与钻井和竞选没什么区别，你每天走进球场后，你必须相信你能赢。钻了一口干井后必须钻另一口，你必须相信这口井里有油。参加竞选，特别是失败以后，你必须相信下一次能赢”。

在经历竞选的挑战之后，小布什意识到，棒球实在是训练政治与管理的最佳运动。棒球的底线是结果：胜利与失败。棒球需要观众，而参加竞选的人也首先必须吸引观众，然后要留住他们，还要让他们再回来。如果一支球队想赢，就得相信球迷，就得给他们的家人和孩子提供舒适的地点，选举也是一样，你必须有远见、有信心、有方法，为成功而竞选，并且能够享受这个过程。不仅如此，小布什还从棒球运动中练就了一身不怕批评的本领，学会了藐视那些无足轻重的失败，重视那些长远的目标。

最温暖的阳光在家里

以小布什的智商和学识，要成为美国总统，真的很不容易。那么，是什么使他能入主白宫，而且一干还干了8年呢?

家庭的营养和温暖，是不可不提的因素。

在一次调查中，许多受访的美国人坦率地承认，他们眼中的布什一家堪称模范家庭，值得敬重和效仿，也值得信赖和支持。小布什自己也承认，他能够对人生之路如此充满信心，能够很好地重塑自我，是与父母的关爱和乐观情绪的熏陶分不开的。

布什一家的确让人羡慕。无论是大家还是小家，所有的成员都相互忠诚和支持，当他们中的一个成员谈到另一个成员时，一般都充满了热爱和敬佩之情，尤其是面临大的挑战时，这个家庭显得特别团结和有战斗力，总是能够互相鼓舞，彼此安慰。这种氛围也深深地影响到小布什对生活和政治的看法，使他变得积极而平和。

在1992年老布什竞选连任失败后，小布什的母亲像往常一样镇定自若地说：“好啊，现在都过去了，我们往前走吧。”所有的人便都按她说的做了。

小布什回去接着计算得克萨斯漫游者队的胜负，在全神贯注中驱散内心的失落，他还积极训练，参加了一次休斯敦坦尼克马拉松长跑。老布什夫妇则在休斯敦建了一座房子，为慈善机构募捐，撰写回忆录，邀请那些有趣的人来参加夏季晚宴，并为修建老布什的总统图书馆做准备。

让儿女们欣慰的是，老两口还拿出时间钓鱼打球，读书看报，栽花种草，到世界各地旅行讲演。没过多久，所有的不快就都烟消云散了，全家人都开始了崭新的生活。

老布什夫妇的表现有着极大的说服力，让小布什和杰布·布什[1]看到失败以后生活还是大有希望的。两位老人树立的榜样是美好的，无论是他们的恩爱，还是他们的坚强，都使子女亲眼看到一个人可以进入竞技场，全力以赴参加比赛，然后完好无损地离开。这一切都坚定了布什兄弟从政的信念，使他们能够充满信心地奔向两个大州的州长宝座，其中的一个还在9年后走进了白宫。

一位教育家说得好，有什么样的母亲，就有什么样的儿子，有怎样的父母之爱，就会孕育出怎样的心灵。由于父母的爱是毫无条件的，清新而完整的，小布什才得以无拘无束地成长。由于始终相信父母的爱是毫不动摇的、千真万确的，他们的内心深处才会永远有一种安全感，也才可能去更好地与人合作，信任他人。

在小布什看来，无条件的爱是父母送给孩子最珍贵的礼物。一旦你知道你的家人总是爱你的，你做什么都会无拘无束。你会心安理得地失败，你也会放开手脚去争取成功。

令小布什难忘的是，在父亲做副总统和总统的12年间，不论有多忙，他都要跑去接孩子们打来的电话，还给孩子们写长信或者发电传。在卸任后，老布什仍然与儿子保持着密切联系，有时还会给他发电子邮件。

芭芭拉则是典型的贤妻良母。作为美国历史上最受欢迎的第一夫人之一，芭芭拉对孩子的爱被传为佳话。当小布什打橄榄球时，芭芭拉总是在不远处为他加油，他的比赛，她一场都没落下。在芭芭拉的营造下，小布什的大家庭气氛和谐而温馨，无论大家多忙，都会在芭芭拉的号召下聚到一起野营、烤肉、聊天。芭芭拉非常注意与子女进行沟通，即便是在与老布什周游世界时，她也会常打电话来，并且把她在旅途中的游记副本送给孩子们。

在关爱之外，老布什还给小布什留下了丰富的政治经验和教训。最令小布什难以忘怀的是，父亲因政策的犹疑而吞下苦果。在上任伊始，老布什总统曾保证要把减税进行到底，他也确实坚持了几年，但后来，为形势所迫，他和他的顾问决定与国会妥协，用征税换来了对支出的限制。他为此付出了沉痛代价，违背诺言让他的名誉受到极大影响，削弱了他的群众基础和支持力，尽管许多经济学家指出，这次妥协为经济复苏打下了基础。

从这个教训中，小布什懂得了，在政治中，有些时候需要认错，有些时候需要坚持，尤其是在重大政策上，自我否定就意味着“自杀”。也正是因为如此，无论在伊拉克遇到多大的困难，小布什都决不承认打这场战争是错误的，父亲错过了一次，他可不能再错了。

不仅如此，小布什还从父亲那里学会了必须支出赢来的政治资本，不然它就会枯萎、死亡。他懂得了在任期内要保护自己并不容易，必须积极地扩展自己的权力基础，必须懂得，选举人感兴趣的是你做了什么，而且他们更感兴趣的是你下一步要做什么。在“9·11 事件”之后，布什精确地把握了民众的脉搏，把安全放在了第一位，并且努力展示经济发展的美好前景，一度使得支持率达到90%左右。如果没有此后的伊拉克战争，他的历史排名还真的很难说呢。

情商重于智商

小布什任内搞出了很多烂摊子，闹得奥巴马上任之后疲于奔命。可人们不理解的是，即便如此，还有很多人是小布什的铁杆粉丝，人们不禁要问，为啥还有那么多人喜欢小布什？

不可否认的是，小布什有着极高的情商，而这正是他能赢得州长和总统竞选的关键所在。应该说，无论是合作精神、领导艺术，还是个人魅力，小布什都不逊于一些杰出的领导人，尤其是在“9·11 事件”期间，小布什的一些特质充分地得到展现，并成为赢得民众支持的关键。如果不是伊拉克战争，相信小布什的民望会比他卸任时要高许多。

小布什的亲和力曾经令许多媒体津津乐道。尽管媒体时常会报道小布什一些笨拙的表现，他的一些口误甚至都成了国际笑话，但多少有些出人意料的是，小布什的不拘小节和偶尔的笨拙却拉近了他与民众的距离，人们感到这是一个真实的人，有高人一筹之处，也有普通人的一面。

应该说，小布什在从政生涯中始终有着不错的亲民口碑：在他当州长时，他常常会在发表完毕业典礼致辞后站上一个小时，与每个毕业生握手；在社区招待会上，他会与前来看他的上百人一一交谈；每当穿过宾馆的厨房，穿过大楼的后门，他总是会停下来与厨师、门卫和电梯工交谈；在发生可怕的洪水、飓风、大火、恐怖袭击之后，他会跑去拥抱那些受灾的人们，安慰他们，给他们带来安全感。他总是面带着微笑，不停地与大家握手，久而久之便与民众建立起亲密的联系，而见过他的人大都相信他的情感是发自肺腑的。

小布什很注意人际关系的维护。在耶鲁大学就读期间，小布什留给同学们最深的印象既不是他的头脑，也不是他的精力，而是他广泛的人脉与亲和力。为了结识更多的人，他甚至会熬夜背诵学生登记表。由于他十分明白人是需要赞美、尊敬和重视的，他总是能够团结许多别人所难以团结的人；尽管他身边的人几乎个个神通广大，但他却有办法让那些人俯首贴耳。

小布什身上还有一种安然和从容的气质，即便是在“9·11 事件”之后，他也没有改变自己的生活习惯：仍然是每天晚上 9:30 到 10:00 之间上床，早上 5:30 起床，保持 7 个半小时的睡眠；仍然悠闲地吃午饭，每天在傍晚 6 时左右离开椭圆形办公室，然后在脚踏车上锻炼一阵子；仍然在戴维营进行长跑，而且几乎每周都去一次，总在星期五下午提前离开白宫，并仍然邀请朋友一起去；在周末，他仍然邀请朋友在白宫参加宴会；晚上则常常留出一些时间看书，并且往往与时事无关，有小说，也有历史。他的这种心态对周围的人和普通民众有着很强烈的暗示作用，让他们感到一切都在控制之中，没有什么能够奈何美国的安定与繁荣，也正是有着这种自信和乐观，民众才会继续快乐地购物，经济才会迅速复苏。

从某种意义上说，小布什是一个很好的情商教程，他的许多优点成就了他走向白宫，但他性格中的一些消极因素则使他的白宫生涯毁誉参半，也让他备感疲惫。

智慧分享

对那些资质一般的人来说，小布什是一个很好的成功典范，因为他靠较高的情商弥补了智商的不足。也就是说，如果你没有很高的智力脱颖而出的话，那就一定要在亲和力及维护关系方面下功夫，至少能让一些比你聪明的人与你结伴同行。

你可以不帅，但一定要善于微笑。

[1] 杰布·布什，老布什总统的第三个孩子，次子，小布什总统的弟弟，生于1953年2月11日，共和党人，曾于1999年1月5日至2007年1月2日任佛罗里达州州长，此外，他还是一个地产商和银行家。

U.S. Leader's Wisdom

B. Clinton

克林顿：兜售繁荣的艺术

任期：1993 ~2001 年

开放的狮子

表现欲强

风度翩翩，引人注目。即使已是世界之焦点，他还是要上台表现自己的萨克斯吹奏才能。

思想开放

这一点，在他大力发展科技和教育上表现得淋漓尽致。而他个人的成长经历，也很能体现竭尽全力冲破自己能量的极限，战胜艰难险阻的特点。

不拘小节

其不检点之处也真符合了狮子座相当没自制力的一面。

社交明星

特别需要愉快的心情，热衷消遣和娱乐、参加各种社交活动，擅长人际交往，并能在各种公开活动中表现出自己举足轻重的地位。

同一星座的名人：
李嘉诚，大仲马，莱温斯基

关键词：

速读王

克林顿律师出身，口才好，脑子灵，反应快。“这头狮子”不仅好强，而且好学，博览群书，据说一年要读300本书。这也可以解释，为什么他在记者招待会上，能对别人提出的问题对答如流，引经据典，却从不拿笔记本。

夫妻档

没有人会否认，克林顿夫妇是少见的具有明星效应的总统夫妇，而希拉里更是差一点就入主白宫，成为美国历史上的第一位女总统。耐人寻味的是，克林顿夫妇从年轻时就立志要双双大有作为，他俩后来的人生轨迹更是应验了那句名言：一个成功的男人背后总是站着一个成功的女人，而一个成功的女人背后更会站着一个成功的男人。

“少先队员”？

1963年，克林顿生活中的两件大事促使他决心成为一个公众人物。第一件事是他以少年国家参议员的身份参观了白宫并受到约翰·肯尼迪的接见，另一件事是他聆听了马丁·路德·金著名的《我有一个梦》的演讲。30年后，他果真像肯尼迪一样年纪轻轻地就入主白宫，并大有所为。

拉链门

克林顿执政8年，美国的经济直线上升，美国人的口袋都满了，但他在卸任时，却发现自己要破产了。由于那场因拉链而引起的官司，克林顿在离开白宫时不仅人气尽失，而且欠了一屁股债。他的处境引起了世界人民的同情，连远在大洋彼岸的中国春晚都同情兮兮地搞出了一句流行语：“苦不苦，想想人家萨达姆，顺不顺，想想人家克林顿。”

需要把门的不仅是嘴巴

比尔·克林顿以智商高著称，但同时也是继尼克松之后，在美国社会引起强烈争议的总统。他的经济成就和丑闻，都同样令人“难忘”。

1998 年，对克林顿来说，是政治生涯的转折点。当年，克林顿同白宫女实习生莫妮卡·莱温斯基的性丑闻被曝光，他本人也从此卷入巨大的政治漩涡之中。

克林顿一生中最窘迫的时刻，也许要算上他在白宫发表了他著名的否认言论：“我想对美国人民说一件事，我想让你们听我说，我要再一次重申，我从未与这位女士——莱温斯基发生过任何性关系。我从未让任何一个人去说谎，一次都没有过，所有的这些传言都是错误的。”当时，他的手指不住地发抖。

但很快，克林顿就不得不承认自己撒谎了。他也成为美国历史上第一位作为犯罪调查的对象站在大陪审团前作证的总统，成为第一个被迫屈辱地承认通奸罪名的总统，同时他也是第一个在任期间性生活被绘声绘色地公之与众的总统，他还是第一个由选举而产生却又要被弹劾的总统。

在克林顿第二任期里，这场闹剧一直持续了 13 个月之久，众议院最终在 1998 年 12 月以两项罪名对他弹劾，接着于 1999 年 2 月以参议院对这两项指控均宣告无罪的判决而结束。这段日子被美国媒体认为是美国历史上最丑陋的一章。

事实上，即便是在多年后，这场丑闻仍然使克林顿非常尴尬。在很多人的印象里，克林顿是一个微笑示人、脾气不错的人。但是，在一次接受英国广播公司（BBC）电视采访时，当主持人追问是否真的为当年与莱温斯基的性丑闻深感后悔的时候，这位一向和蔼可亲的前总统突然发起火来，十分明显地表现出了他的气愤和恼怒……据悉，这是克林顿第一次因性丑闻问题当众发火。

克林顿的尴尬，是许多政客的镜子。许多政客很有头脑，口才也很好，但遗憾的是，对于私欲的控制却显得脆弱许多。从某种意义上说，克林顿留下了很大的遗憾：如果没有性丑闻，以他的政绩和个人魅力，完全可以进入最杰出的美国总统行列。

别把教育停留在舌头上

少年梦想，往往会决定许多政治人物一生的走向。还在很小的时候，克林顿就很喜欢独立思考，关心社会问题。9 岁时，他在报上读到一篇关于阿肯色州的学校在全国教育评分中得分最低的文章，心情很不平静。他问母亲：“阿肯色州出生的孩子的脑袋与其他州孩子的脑袋不一样吗?”这篇报道对幼小的克林顿刺激很大，促使他更加发奋地学习，也留下了一个教育情结。

23 年后，年仅 32 岁的克林顿当选阿肯色州州长，成为当时美国最年轻的州长。而他最大的心愿，就是解决阿肯色州文化教育水平落后的问题，让每一个阿肯色州的孩子都能接受良好的教育。不久，克林顿就提出了教育改革法，提高教师工资和教育经费，要求学生必须通过考试才能升入高中。这些措施使该州教育经费从全国倒数第一位上升至全国第三位。高等学校的升学率也从 39% 提高到 51%。由于在教育方面政绩突出，克林顿被誉为“教育州长”，1991 年还被评为美国处理州政务效率最高的州长之一，这些都为他日后竞选总统打下了基础。

当选总统后，克林顿仍然将工作重心放在教育上，尤其是早期教育。在第一个任期内，克林顿政府就为学龄前教育增拨了大量经费，为 13 万儿童提供了受教育的机会。不久，克林顿还提出了《目标 2000 年：教育美国法》，旨在提高美国的教育水准，同时还提出了《学生货款改革法》，使美国 1300 多所大学的 250 万名学生从中受益。

在第二任期，克林顿总统提出把提高教育水准作为重要目标，要求开展一场“全民性运动”，使美国人得到“世界上最好的教育”，使美国教育达到能与其他工业国家竞争的水平。为此，他提出一个包括10项内容的教育计划，其中包括：培养最好的教师的计划；组建一支由100万名家庭教师自愿者组成的“公民大军”，帮助儿童读书识字；对婴儿进行早期教育；拨款200亿美元修建校舍；学习国际信息网络，把“信息的力量”带进学校。

同样难能可贵的是，从阿肯色州开始，克林顿就把机遇和责任两种观念融为一体，即：政府应该保证人人有均等的机会，同时个人也有责任好好地利用机会。

克林顿的例子，既反映出一个人少年时代的理想对一生产生的影响，也说明了只有那些真正将重视教育落在实处的政治家，才会被人记住。应该说，克林顿之所以能在莱温斯基丑闻中“幸存”下来，一个很重要的原因，就是他做了很多深得民心的实事，使民众在一定程度上原谅了他。

找科学作舞伴

在“教育总统”头衔之外，克林顿还被誉为“科技总统”。上台后，克林顿将科技政策提高到了前所未有的高度，提出了一系列方针，以适应和平时期科技的进步与发展，并创造了美国的科技奇迹。

尤其值得一提的是，克林顿与副总统戈尔主编了图书《科学与国家利益》，这在世界上是并不多见的。在书中，他们系统地阐述了对科技强国的设想，明确提出，“为了建设美国的明天，本届政府将把对科学的投资置于最优先的地位”。

除此之外，克林顿还发表了一系列科技政策的声明与文件：《技术为经济增长服务：增强经济实力的新方针》（1993年2月）、《技术与国家政策》（1996年）、《改变21世纪的科学与技术：致国会的报告》（总统科学技术政策办公室）。为了协调整个政府科学、空间和技术政策，克林顿政府还于1993年11月成立了内阁级的国家科学技术委员会，由总统担任主席，成员包括副总统、总统科技助理、内阁部长和负有重要科学与技术责任的机构领导以及其他资深的官员。

1997年2月，克林顿微笑着将联合国提出的“以知识为基础的经济”这个名词挥手修改为“知识经济”，并立即为全世界所接受。而事实证明，克林顿拉动教育和科技，保证美国抓住了新经济时代的黄金8年。

也正是基于这个原因，希拉里多次骄傲地提到，克林顿与一些总统最大的区别是：离开白宫时，留下了比进入白宫时更丰富的财产，当然也包括精神财富。

数字最能说明问题：当克林顿入主白宫时，联邦年度财政赤字高达 2900 亿美元，根据管理与预算办公室的估计，2000 年的财政结余预计将达到 2560 亿美元，这将是有史以来最大的预算结余。在其任内，失业率是美国 30 年来的最低，民众收入增加，实现了 60 年代以来的最低通胀，创造了 2200 万个工作机会，美国的国际竞争力也有所上升。

嘴里吐出高楼大厦

克林顿政府的宣传力也很值得一提。应该说，克林顿任内是丑闻不断，多次险些马失前蹄，但每次却都有惊无险，转危为安，这显然得力于他的机敏过人，但在很大程度上也归功于他善用媒体。

克林顿的媒体班底是非常敬业的：总统及其幕僚们几乎每一天都在煞费苦心地制造有利新闻，消除负面新闻，以通过新闻媒体的宣传确立他们满意的形象。新闻秘书麦柯里和他的同事们每天都在为总统的日程安排绞尽脑汁，力图使公众注意到克林顿在各方面的议案，哪怕只有几秒钟。

克林顿的任职表现也确实使人们产生一种感觉——在他的监护下国泰民安。在电视的内容提要和晚间新闻上，美国人看到了克林顿的非凡形象：他时而高谈阔论，时而同外国领袖亲密合影，时而发布重要声明。而这也辛苦了克林顿的下属，他们常常花费工作中将近一半的时间与新闻界交谈，商讨新闻策略，总结近期得失；克林顿本人也时常会请记者和编辑来家喝咖啡，叙叙家常，为克林顿夫妇的友好和人情味所打动的来宾，回去后往往会情不自禁地写上几篇报道，进一步拔高总统的形象。

美国经济的发展一次又一次地帮助了克林顿。克林顿和他的助手们显然也意识到了这一点，为此，白宫官员制作出一大堆填有各种统计数字的图表，并有步骤地把它们推销给各大媒体，用它们来“说话”。为了让媒体和民众深切感受到总统的诚意，克林顿的许多政策，都被分成几节“推广”出去，这样，每隔一段时间，就会有总统关注民生的举措出台，并很快成为媒体和民众热议的焦点。

智慧分享

与小布什不同，克林顿是高智商的典型。一方面，克林顿对教育和科技的重视，是值得所有希望高飞的年轻人借鉴的，也是那些希望有所作为的政治领导人必需的意识。但另一方面，克林顿在私生活方面的不检点，也应引起拥有相应权力和影响力的人注意，因为到了一定层次，私生活便不再是私生活了。

R. Reagan

里根：
“懒”出来的政绩

任期：1981～1989 年

爱笑的水瓶

自在人生

有丰富的想象力，追求自由无拘无束的生活，这也使他成了最善于放权的领导人之一。

喜欢创新

水瓶座是最具有变革意识的星座，所以每到美国历史的关键时刻，总会出现一位具有强烈变革意识的水瓶座总统执掌国家政权，在里根之前，有林肯和小罗斯福。

煽动性

善于重新组织所有人的精神和物质生活，具有极强的感召力。

重视感情

恋爱或结婚往往会深刻影响到水瓶座的命运和前途，里根也不例外，他自称遇到南希后，人生才真正开始。

同一星座的名人：
莫扎特，爱迪生，叶利钦

关键词:

金牌总统

里根无疑是美国总统中的一位“金牌级”人物,从入主白宫到挥手而去,他拿下了多项第一:美国历史上第一位“影星”总统,美国历史上宣誓就职时年纪最大的总统,去世时是美国历史上最长寿的总统(2004 年 6 月 5 日,终年 93 岁)。他还是美国历史上第一位有过离婚经历的总统,但同时也是最幸福的总统之一。帮助他拿到这许多枚“金牌”的,则是他阳光、自在的做人原则。

名词解释

里根很善于用形象的比喻解释一些复杂的问题。在谈到经济时,里根如此说:“经济衰退是指你的邻居失了业,经济萧条则是指你也失了业,而经济开始复苏指的则是卡特已经失业。”谈笑间,将竞争对手卡特也揶揄了一番。

“伟大的沟通者”

1987 年 6 月 12 日,里根访问西柏林时在柏林墙前发表演说:“戈尔巴乔夫先生,推倒这堵墙!”里根由于在表达概念时的口才和带有的独特情感而被誉为“伟大的沟通者”。这些口才技巧来自于他担任演员、电视和广播节目主持人以及从政后逐渐培养的经验。最关键的是,里根明白:人们通常更需要被提醒而不是被告知。

闲总统,富国家

1980 年,里根在接受记者采访时说:“艾森豪威尔和柯立芝执政的时代是幸运的时代。虽然有人指责他们‘打高尔夫球或休息的时间比当总统的时间还多’。但是,说这种话的人忘记了他们俩当总统的时代。那是充满了繁荣与和平景象、没有通货膨胀的时代。”

救市先救心

里根了解他的人民,当他们洋溢着乐观主义精神时,他们是最具有创造力的。他的任务就是使美国人民重新找回自信,找回乐观的心态。在里根看来,改变经济状况 50% 要靠心理学,而他带给这个国家最大的礼物正是他带着无数种可能性翱翔的感觉,这帮助美国很快恢复了经济,并重新走上了心理牛市。

“亲爱的，我忘了躲了！”

演员出身的里根，说得上是继林肯之后，又一位“希望政治家”。在他看来，一个优秀的领导者，必须善于发现民众心中被忽视的感受、需求和力量，能够讲出真正充满希望的故事来。而幽默感和乐观精神，正是引导人们向前的精神要素。

1981 年 3 月 30 日，刚上台两个多月的罗纳德·里根在华盛顿的街上被人枪击，一颗子弹打在贴近心脏的地方，70 岁的里根被送进医院，命在旦夕。

全国都震惊了，但很快这种震惊就变成了感叹！人们惊奇地发现，他们的总统在被推入手术室时，还咧着嘴笑着对医生说：“请让我放心——你们都是共和党人！”并对他的妻子南希说：“亲爱的，我忘了躲了！”

当他手术后从麻醉剂中醒来时，做的第一件事竟然是讲笑话给医生们听，安慰他们，并同时还把纸条传给守候在外的白宫官员：温斯顿·丘吉尔说过：“人生最快乐之时乃是身中枪弹而大难不死。”

电视台一遍又一遍地滚动播放里根遇刺的情形，并且每隔一小时就介绍一次里根的病情，这激起了民众对里根的同情。不仅如此，里根的“危机幽默”，更是通过各种渠道很快传向民间，里根经历生死考验后的乐观和坦然很快便迷倒了美国民众。

这是里根总统生涯的重要转折。

公众开始以他为话题，谈论这个吃了枪子还能保持笑容的总统，谈论这个“在重压下依然保持沉着稳重”（海明威语）

的强者，也谈论起他人格中的质朴成分。从此以后，人们忘记了里根的演员出身和他的“高龄”，没有人再怀疑里根，无论他做什么，人们都认为是有道理的，即便是一贯掣肘总统的国会从此也倾倒在里根一边。

遇刺不到一个月的 4 月 28 日，捡回来一条命的里根大步流星地步入两院联席会议，他的诚恳，他的活力，他天生的乐观主义精神，唤起了人们的同情和支持，他的讲话一次又一次地淹没在热烈的掌声中。国会很快通过了此前争执不休的里根的经济提案，全国人民则表现出对遇刺总统无条件的支持，美国妇女甚至把 70 岁的里根视为最有魅力的男人。

就这样，一次死里逃生给里根带来了力量和胜利。

从那以后，人们开始越发熟悉起他们的总统来，通过他的笑容，也通过他讲的故事。而在不知不觉中，人们也受到了他的“传染”，开始对经济发展，对未来充满了信心和期待。

里根的例子给后世领导人很大的启发：你必须首先乐观和自信，坚定地相信未来，才能说服别人，带着人们跟你走，走过泥泞，走向光明……

豺狗和狐狸的区别

以赛亚·柏林有句名言："豺狗和狐狸的区别在于，狐狸知道很多事情，但是豺狗只知道一件大事，并且一直去做。"意思是，领导者必须能够抓大放小，而所谓的"大"，指的就是做好决策，敢下决心。

而里根，在他笑呵呵的外表下，则有着一颗坚实的心，他很清楚，政治领导人的工作不是让每个人都喜欢他，而是让国家朝着正确的方向前进。有的时候，就是需要下决心。

里根做决策有两条原则，一是 24 小时原则。在他看来，迟迟不下决心是最累人的，因为问题不会自动消失，它会一再困扰你。所以，应该坐下来，仔细思考你所听到的一切。对他来讲，假若无法在事件发生后 24 小时内做出决定，也绝不会再拖过第二个 24 小时。

在这方面，里根是有过教训的：

里根小时候曾到一家制鞋店做一双鞋。

鞋匠问年幼的里根："你是想要方头鞋还是圆头鞋?"里根不知道哪种适合自己，一时回答不上来。过了几天，这位鞋匠在街上碰见里根，又问起鞋子的事情，里根仍然举棋不定。最后鞋匠对他说："好吧，我知道该怎么做了。两天后你来取新鞋。"

等到取鞋的时候，里根愕然发现鞋匠给自己做的鞋子一只是方头的，另一只是圆头的。

"怎么会这样?"他感到纳闷。

"等了你几天，你都拿不出主意，当然就由我这个做鞋的来决定啦。这是给你一个教训，不要让人家来替你作决定。”鞋匠回答。

里根后来回忆起这段往事时说：“从那以后，我认识到一点：自己的事自己拿主意。如果自己遇事犹豫不决，就等于把决定权拱手让给了别人。一旦别人做出糟糕的决定，到时后悔的是自己。”

做最终的决策人，是里根的又一原则。在里根看来，领导人必须在海纳百川的同时，有一种特别的坚定和自信，做负责任的决策者：没有后悔余地，也没有抱怨空间。

在白宫的时候，里根时常会坐在会议室里，听大家热烈讨论，他鼓励每个人发表不同意见，但最后，还是要由他一个人做决定。他的理论是：有些人的意见会被否定，但他不会因此而离去，因为很可能下一次总统会站到他的一边。

一个强大的国家或者企业，往往有坚定的领导人在掌舵，而决策的“左手”是坚决，“右手”是负责，两手都要硬。

蜂后不采蜜

对许多领导者特别是一把手来说，琐碎的、事务性的、应景的事情，实在是太多了，已经多到了足以影响他掌控大局的地步。而相当一部分人，由于没能处理好“划桨”与“掌舵”的关系，不仅严重影响大船的航行，甚至导致漏水乃至翻船的事件发生。在这方面，领导者实在有必要向里根学习。

为了掌好舵，里根将划桨的事情尽可能地交给别人，因为掌舵这件事，已经足够大了，大到完全有必要让别人去划桨。里根深知，一个明智的领导人不能既掌舵，又划桨。

授权堪称是里根政治上的一个魔术。

就像拍电影一样，里根只把精力用在最紧要的关头，而不考虑整个摄制工作。这一工作自有别人负责，关键是要保证自己的主角地位，保证自己随时都能有出色的表现。在里根的脑子里，有人是打灯光的，有人是管道具的，而里根只管自己的角色，就是公开露面的角色。

在任加州州长时，里根就已经养成了抓大放小的习惯。他把工作重点放在选好人、定好方向上，至于具体的事情，他相信自己选定的人会做好的，而他也乐得清闲。所以里根最欣赏的人，是柯立芝总统，也就是那个睡觉都能睡出繁荣的“柯立芝繁荣”的缔造者。

在这方面，里根与卡特有很大的区别。卡特更像是一个管理者，他原是海军军官，也是核能专家，在佐治亚任州长期间，就以有专业背景的管理人才而闻名于世。但进入白宫后，卡特却始终没有将角色转换为领导者。而里根则是地道的领导者，他坚信不要将专业知识同领导能力混淆，领导人可以雇佣专家来完成许多管理的事情。

在任州长期间，里根就组织了一个专家内阁，所有领导财政、就业、娱乐和农业的人，都是最杰出的专业人才。到了华盛顿，他也是照此办理。无论是国务卿黑格、舒尔茨，还是财政部长里甘、国防部长温伯格，都是非常出类拔萃的人物。而里根自己，则显得轻松自在。

形象地说，里根更愿作董事长，而不是总经理。“他只把自己看成主角，而不是制作人或导演；他只专心考虑表演，而排戏和制作则交给助手们去做”。

里根的做法尤其值得当代领导人和管理者借鉴。在这个信息爆炸的时代，在这个琐事可以吞噬掉所有时间的时代，领导者特别需要安静的时间，需要从事务中跳出来，这就需要像里根那样乐得当董事长，乐得将划桨的机会让给别人。在管理实践中，放弃并不能保证你得到最多，但却很可能让你得到最大。

来时丘，去时峰

“里根离开华盛顿时比他来时更受欢迎”。1989 年，当里根告别总统职位时，《新闻周刊》给了这位年迈但却依然充满活力的总统这样的评价。2004 年，当里根告别他所深爱的世界时，他受到了罕见的怀念和礼遇，白宫不仅为他举行了国葬，还把一座山峰改名为“里根峰”。

里根无疑是能够带给人们笑声和欢快的人，但更重要的是，他能带领人们进入一种“心理牛市”：不回避矛盾和困境，使人们相信事情本来不应当落到这种地步，并最终引导整个国家都进入了一种充满想象力和活力的状态。

在作为总统的最后一次演讲中，里根以令人难忘的温暖方式向人民说了再见：

我要对你们说，如果火光暗淡了，我愿留下我的电话号码和地址，一旦你们需要一名小卒，只需说一声，我招之即来——只要一息尚存，只要我们可爱的国家在这个最辉煌的时刻还在不断地进取求新。

让火光一直熊熊燃烧下去吧！

这样，当我们要见上帝的时候，回首往昔，我们就可以无愧地说，我们做了我们所能做的一切，从来不遗余力！

在感叹世态炎凉时，一些领导者应该问问自己：你是否对得起人们的期望和信任，是否真的给未来留下了财富……

里根留给人们一个很好的评价领导人的尺度：背影比笑容更为重要，在他离开时，是否比到来时更受欢迎？

智慧分享

人的一生中，会有很多“中弹”时刻，那个时候，你是否也会像里根那样笑着说：“不好意思，怎么忘了躲了?”

境界决定态度，态度决定命运。

U.S. Leader's Wisdom

J. Carter

卡特：做穷人的木匠

任期：1977～1981 年

古道热肠的天秤

理想主义者

具有迷人的性格特征，对和谐而愉快的生活环境十分珍惜，渴望和谐世界，并为之奋斗不已。最终，他因此获得了诺贝尔和平奖。

心地善良

有古道热肠和仁爱之心，富有同情心而重感情；有自我牺牲的倾向，这也是他卸任后投身人道主义工作的心理基础。

注意力分散

天秤座的戒条是：不可分散自己的才华一次去做太多的事。而卡特的问题是，关注了太多琐碎，反而对大局没了把握。

犹豫不决

这一点，在伊朗人质事件[1]中表现得尤为明显。

同一星座的名人：
鲁迅，甘地，诺贝尔

关键词：

20 倍

中美建交之际，正是中国改革开放之初。当时，邓小平试探性地问能不能送中国学生到美国学习。在得到肯定回答后，中方问能不能派 5000 人。结果卡特豪爽地说："告诉邓小平，他可以派 10 万人。"多了 20 倍。这在当时可是不小的数字呀。

逗你玩

中美建交的消息即将宣布之际，胸有成竹的卡特有一天突然告诉布热津斯基，说中方取消了建交决定，后者差点当场晕倒。知道玩笑开大了，卡特赶紧告诉布热津斯基，是在开玩笑，弄得这位国家安全事务助理哭笑不得。

客串雷公

一次，卡特的飞机降落在饱受旱灾之苦的得克萨斯某镇，该镇忽然下起了雨。卡特踏上滑溜溜的机场跑道，向聚集在那里前来欢迎他的农民发出微笑："你们或者要钱或者要雨，"他说，"我拿不出钱，所以我只好带来了雨。"卡特的这种朴实的幽默特别讨普通人喜欢。

瞎操心

卡特有一种天秤座的冷幽默。一次，有个记者问卡特："如果有人告诉你，你的女儿与别人有不正当的恋爱关系，你将作何感想?"卡特卖了个关子，回答说："我会大吃一惊，不知所措。"然后，他笑孜孜地抖了一个包袱："不过现在还不用操心，她刚刚 7 岁。"

使人伟大的不是权力，而是作为

吉米·卡特，是一位自称“善良老百姓”的总统，也是卸任后比在任时更受欢迎的总统，他为削弱贫富差距而做出的努力，为世界和平所付出的辛劳，不仅为他赢得了诺贝尔和平奖，还赢得了跨越国界的赞许和崇敬。

卡特卸任后的生活表明，使人伟大的不是权力，利用权力和影响所做的事才是伟大的真正标志。

尽管在任期间卡特遭致多方非议，但卸任后他却更加活跃地出现在世界各地，成为全球基层人道主义活动家，并被视为“最成功的卸任总统”。在他的支持下，“人类栖身地”国际计划在50多个国家建造了6万所住房，使许多无家可归者有了自己的家。虽然已是高龄，但卡特每年都会抽出一个星期，穿上蓝色牛仔裤，系上木工围裙，为穷人盖房造屋。

对此，人们十分感慨地说，作为“国际木匠”，卡特“使这项工作引人注目并获得信誉，使人们再也无法借口推辞，因为，如果一位前总统肯花一个星期从事劳累的体力劳动，其他人又怎能说自己太忙了呢”？

在盖房子的同时，卡特也为世界和平奔走着，无论是在非洲，还是拉美，拥挤的人群中总是会响起“自发的掌声”。在瘟疫肆虐的第三世界的穷乡僻壤，卡特的医疗计划送走了为害数百年的瘟神；在非洲，卡特中心计划向贫困的农民显示如何大幅度提高作物产量；在海地、中东等热点地区，卡特作为和平使者努力以不流血的方式化解冲突。不仅如此，卡特与他的妻子还在努力消除人们对精神病患者的轻视和不敬。

耐人寻味的，在小布什时期，卡特甚至成了一面镜子，让人们意识到，理解和尊重其他文化和弱势群体是多么重要。也许是接触了太多布什所无法也无暇接触到的现实，卡特更加坚定了自己的信念：人们需要尊重，需要和平，需要摆脱贫穷，需要最基本的人权。

卡特还为老年人树立了发挥余热的榜样。在名为《步入老年的优势》一书中，卡特坚信，退休岁月可能是一个人大显身手的时光，他很坦诚也很自豪地说："我现在没有任何权力。我没有当总统时的资源和金钱。但我的确有很大影响力，特别是在国外。我可以促使人们去为自己做事。在许多方面，我离开白宫后的工作经历的确是我一生中最令人满足的阶段。是的，现在比当总统时更有成效。"

富人歧视穷人是高危行径

卡特的所有努力都只为一个目标：缩小贫富间的差距。在他看来，这也正是“人类栖身地”的真谛所在：向穷人和弱势群体伸出援助之手。在许多次演讲中，卡特都强调要坚持向穷人、被忽视的人、失去尊严的人和对美好生活丧失希望的人施以援手。

在这方面，卡特的母亲莉莲[2]堪称他的榜样。作为一名注册护士，莉莲曾以朋友和乡村医生的身份为贫苦黑人邻居服务，并且在70多岁时还效力于派往印度的和平队[3]，留下一段佳话。

在卡特看来，日益增长的贫富差距，是世界在新世纪面临的最大挑战。国与国之间的差距滋生诸多的国际问题，而一国内部的差距则是诸多社会问题的源头所在。令卡特不安的是，在小布什任内，美国贫富差距已创下40年新高。

任何歧视都是要付出代价的。卡特相信，“当今世界最大的歧视莫过于富人对穷人的歧视”。而在小布什时期，美国变得“太傲慢”、“太霸道”、“太以自我为中心”，以为自己是世界上最富有、最强大、最有影响力的国家，美国给了其他国家憎恨或轻蔑美国的理由，“别的国家感到美国没把他们当回事，美国确实经常如此”。如果说，富人对穷人的歧视会造成社会冲突的话，富国对穷国的歧视，则严重影响到整个世界的和谐相处，是不可忽视的危险源。

卡特的这一理念，对奥巴马有着很大影响。无论是低调、微笑地处理国际关系，还是对弱势群体的尊重和支持，奥巴马在很大程度上继承了卡特等前辈的做法，尽可能地缩小贫富差距，为国内乃至国际关系的和谐赢得良好的氛围和空间。

在未来的岁月中，缩小贫富差距，更多地呵护弱势群体，将成为各国政治家的重要使命，而卡特留给人们的财富，不仅是重视贫富差距问题的必要性，更是系统化解决问题的思路，是从内心深处对穷人和弱势群体的体贴和关爱。

许多事，嘴上说说容易，但常年去做，却十分不易。

一句话践行一辈子

2009 年 1 月 1 日是中美建交 30 周年纪念日，作为见证 30 年前这一历史时刻的（中美两国）唯一健在的国家领导人，卡特有理由为推进中美关系而感到自豪和欣慰。

应该说，卡特是与中国“有缘”的人。很巧的是，卡特的生日和中国国庆日是同一天，对此，邓小平和其他中国领导人还曾打趣地说，卡特成为中国的朋友是命中注定的。更巧的是，1949 年，卡特作为美国海军军官首次来华，并在中国度过了 25 岁生日，而那一天恰好是新中国诞生的日子。

卡特始终相信，与中国建交是他“作为美国总统做出的最正确、最英明的决定”。早在 1976 年赢得大选后，急于想了解中国的卡特就请来了基辛格，询问他多次访华的心得和感受。而在入主白宫后，卡特更是尽快约见了中国驻华盛顿联络处主任黄镇，表现出推动美国与中国实现关系正常化的积极态度。

不过，那时的卡特却面临着相当大的国内政治压力。由于中美建交需要将美国对中国的承认从台湾转向北京，而无论是政府中还是国会里都有一些人对中国有所顾虑或偏见，卡特向前走，需要勇气，也需要智慧。1977 年 8 月和 1978 年 5 月，卡特分别派国务卿万斯和国家安全事务助理布热津斯基访华，就中美关系正常化进行磋商。出于保密考虑，卡特避开了国会，甚至都没有让国务院插手，所有的信息都直接从白宫发往中国。

在当时特定的历史背景下，卡特做出这一决定表现出了极大的勇气，也承担了政治风险。多年后，卡特坦承，实现美中关系正常化的决定，在当时也确实遭到了美国支持台湾的政治势力的强烈反对，他们宣称不承认台湾只会削弱美国的信用，并试图推翻这一决定。从某种意义上说，卡特的这一决定甚至还成为他两年后大选失败的原因之一，但他从未后悔做出这个决定。

在名为《保持信心》的回忆录中，卡特自信中国问题是他的外交政策中少数几项比任职初期所想象的解决得更好、更满意的任务之一。令卡特难忘的是邓小平对美国的访问，这不仅是中华人民共和国成立以来中国领导人第一次访问美国，而且也给美国人留下了极其深刻的印象，至今仍为人们所津津乐道。

与小平同志旋风般的访美相比，卡特却有一大遗憾，那就是在任期内没能访问中国。卸任后，卡特不仅多次访问中国，还推动卡特中心与中方进行实质性合作，其中包括在中国培训900名教育专家，由他们再培训小学教师如何指导盲童和聋哑儿童。30年过去了，中国的发展及中美关系的变化足以令卡特感到欣慰和惊喜。同样的，世人也会对卡特全力推进中美关系的努力致以由衷的敬意。

多年后，当卡特访问中国时，颇有心得地对在座的莘莘学子们讲起了他年轻时的一段经历。

上世纪50年代初，美国海军开始发展第一批核动力潜艇，卡特想参加这方面的工作。一位令人生畏的海军指挥官，也是和平使用核能之父——海军上将海曼·里科弗对他进行了面试。里科弗在接见卡特时问他在海军学院的成绩，卡特自以为成绩不错，就自豪地说："在全年级820名学员中，名列第59。"里科弗又严肃地问他："你当时全力以赴了吗？"卡特顿时涨红了脸，不好意思地承认自己有偷懒的时候。里科弗又问他："为什么不全力以赴呢？"

卡特得到了那份工作，但里科弗将军的问题他却一直没有忘记。里科弗的这种严格精神对卡特影响很大，使他重新肯定了他幼年时期的座右铭，即“勤奋工作的人就是能够出人头地的人”。正是这种竭尽所能的精神，帮助卡特有力地推动了中美关系的发展，也使得他即便在卸任后仍然能够活跃在国际舞台上，成为和平使者，穷人之友。

智慧分享

卡特是一个很实在的人，没有太多花哨的辞藻，但却有很多贴心的作为，即便在退休后，他仍然将对穷人和弱势群体的关心放在第一位，这也是他卸任后仍然能够保持极大影响力，并荣获诺贝尔和平奖（2002 年）的原因所在。那些在退休后就没人理的官员，可以通过卡特找找原因了。

[1] 伊朗人质事件发生于1979年11月4日。当时伊朗学生占领了美国驻伊朗大使馆，扣留美国外交人员作为人质，以强迫美国引渡在美国治病的伊朗前国王巴列维。卡特政府回绝了伊朗的要求，伊朗拒不释放人质，从而导致了严重的伊美关系危机。事件发生后，美国开始时希望通过外交途径加以解决。在外交努力失败后，美国转而对伊朗采取了一系列制裁措施。从1979年11月12日起，美国先后宣布停止从伊朗进口石油，冻结伊朗官方在美国的资产，向国际法庭提出起诉，要求安理会对伊朗实行经济制裁等，并且不断向波斯湾增派军舰。与此同时，伊朗则多次表示要对人质进行审讯。伊美危机日益加剧。1980年4月7日，美国宣布同伊朗断交，并正式对伊朗实行经济制裁。4月24日，美国派飞机前往伊朗，企图武装营救人质，结果以失败告终。美国的鲁莽行动给人质问题的解决增添了新的障碍。伊美两国关系因此更加恶化。

[2] 莉莲性格随和，能言善辩，热心助人，在美国甚至全世界都是赫赫有名的人物，被称为“莉莲小姐”。她对美国南方黑人和非洲、拉丁美洲地区百姓生活的关怀，深切影响到卡特的人生观和世界观。1980年，莉莲被授予和平队国家顾问委员会名誉主席称号，1983年辞世。

[3] 和平队成立于1961年，是肯尼迪在总统竞选中提出的，并被视为1960年总统大选中的一个亮点。肯尼迪建立和平队的初衷就是要利用美国在经济、技术和文化上的整体优势，同苏联争夺广大的中间地带，并通过和平队向新兴的发展中国家输出美国文化及价值观念，将第三世界国家的发展纳入美国为首的西方阵营所期待的轨道。

U.S. Leader's Wisdom

G. Ford

福特：
美国人真正的公仆

任期：1974 ~1977 年

没敌人的巨蟹

意志力强

如果跟他作对，他会不停反攻。他与民主党控制的国会顽强“作战”，不到 3 年就投了 50 多次否决票。

诚实体贴

典型的好男人，是一个让女人放心，让男人没有戒心的人。

有亲和力

他很容易赢得别人的好感和支持。对奇异事物的感知能力较强，相信机遇，事实上，幸福之神也的确常常奇迹般地出现在他面前。有意思的是，他和另外一位巨蟹座（柯立芝），都是由于历史的阴差阳错登上了总统的宝座。而且两人都是卸任后不久，美国经济便出现危机。

老好人

福特的最大特点是善于调和各派之间的矛盾，他的诀窍是“不树敌”，这也使得他在政坛上摸爬滚打了几十年也没得罪几个人。

同一星座的名人：
索非亚·罗兰，托尔斯泰，海明威

关键词：

公仆

在福特去世后，媒体对福特有一个最妥帖但也是最好的评价：曾经有段时期，有一个真正的公仆为我们服务，他就是杰里·福特。

福特与林肯

其实，福特是一个很有幽默感的人。有一次，他回答记者提问时说："我是一辆福特，不是林肯。"众所周知，林肯既是美国很伟大的总统，又是一种最高级的名牌小汽车；福特则是当时普通、廉价而大众化的汽车。福特说这句话，一是表示谦虚，一是为了标榜自己是大众喜欢的总统。

超级替补

福特是美国有史以来唯一未经选举相继直接接任美国副总统和总统的人物，他执政时期正值国内外多事之秋，党派和意识形态纷争日益加深。但正如小布什所评价的："福特总统以谦和平静的姿态、合乎常情的睿智和宽宏的胸怀平息了国家的纷争，恢复了公众对总统施政的信心。"福特碰巧在那个时候出现在那个位置上，应该说是美国的幸运吧。

爱自己，更爱工作

接替尼克松上台的杰拉尔德·福特，不仅特赦了尼克松，也赦免了数千名反战青年。在任期间，完成了从越南的大规模撤军工作。

福特是在一个非常偶然的情况下走到舞台中央的。

正如福特的夫人贝蒂所言：“他是一个意外的副总统，也是一个意外的总统。他担任的这两个职务都是接替那些不光彩的领导人的。”在那个动荡的年代，总统办公室竟然成了辞职办公室，先是副总统阿格纽，然后是总统尼克松。而福特，先是接替了阿格纽，然后是接替尼克松。

事实上，在入主白宫之前，福特甚至有过退出政坛的想法。生活的戏剧性就在于，一个并不刻意寻求最高权位的人，却得到了可能他自己都从来没有想到过的权力。

这带来了两方面影响。从积极的角度看，由于福特对权位没有过多的贪念，使他在无意中成为纠正尼克松政府过错的最佳人选。而这种坦然面对权势的心态，也使得他成了令人们感到清新自然的廉洁象征，在那个因为谎言、贪婪而显得极为混沌的政治时代，福特及其团队的出现，带给民众焕然一新的感觉。

颇为难得的是，福特正如他的座右铭一样，“认真考虑工作而不是自己”，勤奋工作，不计较个人得失，这也使得他不会固执地为自己辩护，能够并善于听取他人的意见，引导美国走回到自信和从容的自我中。他也被公认是心灵最健康的领导者之一，能够以平静的心态工作和生活，退休后也是很安静地生活在南加州沙漠地带，逐渐淡出了公众的视线。

也许正是因为这种坦然和超脱，福特，这位只当了 895 天的总统——是 20 世纪任期最短的总统——却成为美国历史上最长寿的总统，得以心安理得地度过93 个春秋（2006 年 12 月 26 日辞世，93 岁零 5 个月，比里根寿命长 1 个月）。

看着天气穿衣服

但在另一方面，由于缺乏对总统职位的必要准备，福特在最初的也是极为关键的100天里付出了很大的政治代价。

1974年9月8日，即上台后的第30天，福特在没有与身边人做深入研究，没有进行媒体预判工作的情况下，对尼克松做出了赦免决定，引起了轩然大波，他的支持率一夜之间就从71%降到49%，并很快降到了36%！

从此之后，诸多丑化福特的文字不断见诸报端，他的执政能力受到很大影响，而他的诸多功绩也在很大程度上被掩盖和忽视了。

其实，就业绩而言，福特做得并不差。在经济方面，福特带领美国逐步摆脱了对中东石油的依赖。在外交方面，福特结束了美国在越南的战争；促成以色列与埃及达成停火协议；与苏联签订了《赫尔辛基人权公约》；并亲赴苏联的远东地区与勃列日涅夫签订限制战略武器条约。

尽管业绩良好，政治能力也很快在上任1000天后显示出来，但福特最终还是没有逃脱“水门事件”的余波，这种近乎直率地“保护”尼克松的做法在相当程度上影响了他的政治前程，从而在总统选举中小负于卡特。

这件事情反映出福特对总统职位的准备不足，做事也过于直接，但在一定程度上，也确实可见福特的个性与大局观。在福特看来，为了使人民从他所称的“国家的漫长噩梦”中恢复信心，豁免是快刀斩乱麻的最好办法。

即便在多年后，回忆这段往事时，福特仍不感到后悔。他认为，“宽恕尼克松是结束‘水门事件’的必要条件，我们应该把眼光放在更大的目标上”。福特当时想得很单纯，就是要救治国家，而赦免就是救治的最好办法。

事实上，在赦免之前，福特政府的很大精力都被拴在了“水门事件”上，至少有1/4的人力被牵扯进去。有时，甚至90%的问题都关联到尼克松。从某种意义上说，赦免尼克松，就是在解放白宫。只是他有点太急了。

令一些政治学家颇为遗憾的是，对福特来说，他与前任总统的鲜明对比本身就是巨大的优势，如果他能坐下来并保持沉默，他完全可能顺利赢得大选。但问题是，当意识到自己的祖国处在一个巨大的考验状态中时，福特激动了，他担心国民的注意力会数月甚至数年集中在尼克松事件上，这促使他颁布了大赦令。

国家因此慢慢平静了下来，福特却失去了白宫。

如今，人们公认的福特的政治遗产是，他恢复了人民对政府的信任。在这个过程中，福特与生俱来的乐观主义精神起到了关键性作用。甚至在1976年被击败后，福特仍怀抱着乐观的心态：“从长远来看，美国人民的优点比缺点多得多……今天我是个乐观主义者，我一直就是。”

而让美国人感到欣慰的是，在这个国家三次面临巨大的危机时，都有一位乐观的、能够凝聚人心的领导者站出来。他们是南北战争时期的林肯，大萧条和二战时期的富兰克林·罗斯福，以及“水门事件”之后的福特。

让对手迷恋你

“有了诚信，才有凝聚力”。这是福特最看重的一句话，也是值得其他领导者深思的见解。

在同时代的参议员罗伯特·格里芬看来，福特最大的优点是，“他没有敌人”。即便那些反对他的人，也对他抱有很大好感，认为他是“白宫里的童子军”，一个好人。让许多国会议员难忘的是，福特从未有过任何形式的“黑名单”，他对人没有成见，能够与议员们进行真正友好的磋商。

这是一个能够坦然自嘲的人。当人们提到他的修辞错误，他会笑笑说，“那是我需要改进的地方”。当有人嘲笑他曾经是笨孩子时，他也是泰然处之，只不过偶尔提醒一下人们，他是以前三名的成绩毕业于耶鲁法学院的。

而在福特身边的人看来，他是那种永远说实话的人，以至于他身边的人都被他感染了。福特的团队，几乎没有发生过编造谎言误导民众的事情。

这是一段至今令很多人怀念的日子。

正如著名记者和学者大卫·葛根所言，随着时间的流转，福特变得越来越杰出了。人们逐渐意识到，在他任职期间，他的性格与领导才能最贴近国家的需要，为他人疗伤，他是最理想的人选。尤其是在美国人经历了众多的丑闻后，回头望去，福特的忠诚厚道其实才是他们所期待的领导人应该具有的品质。

这种人格力量表现在对于公正和公开的孜孜以求上。

在经历了尼克松时期的阵痛后，福特意识到民众对于“阳光政治”的渴望，这也使得他尤其重视公开决策过程，增加媒体的自由度。在福特时期，白宫的椭圆形办公室是向议员、政府官员和记者开放的，人们甚至可以看到总统在家吃早饭的情景。

降低座椅引高人

作为一种象征，福特还在内阁办公室用出身于平民的两位总统林肯和杜鲁门的画像，替代了西奥多·罗斯福和威尔逊的画像。

平等意识无处不在。在福特入主白宫后，他所做出的一个微妙的变化，就是把白宫内阁办公室的总统座椅高度降低，与其他内阁成员的座椅一般高。也正是这种谦和与诚恳，吸引了许多优秀的人才在他身边，包括格林斯潘[1]、老布什[2]、基辛格[3]、斯考克罗夫特[4]，以及小布什政府的强力人物拉姆斯菲尔德[5]和切尼[6]等人。

福特也深知团队精神的重要性。这得益于他早年从事橄榄球运动的经历。令许多政治学家感慨的是，福特政府的这种团队精神，表现在多少年后，他们中的每个人仍然忠于福特，没有人诋毁过他。这种忠诚，只有约翰逊政府可以与之媲美。

作为一个真实的人，福特的真性情还表现在对尼克松的态度上。如许多观察家所言，在处理“水门事件”问题上，福特与尼克松的个人关系确实是起到了一定作用。2005 年，在接受《华盛顿邮报》采访时，福特也坦承，他不希望看到真正的朋友受辱。

在当时的那种压力下，能够为朋友做到这点的人，不会很多。

生活中的细节也给福特身边的人留下了深刻印象。在福特夫妇送走尼克松夫妇之后，回去的路上，两人慢慢走向白宫，默默无言。半路，福特轻轻握住夫人的手，人间情意尽显其中。福特的真情流露，使他周围的人感到，这是一个真实地面对自己、面对所爱、面对信仰的人。

“杰拉尔德·福特是我们最低估了的现代总统。”里根的传记作者埃蒙德·莫里斯如是说。

人们对于福特最为赞叹不已的，是福特作为一个领导者的精神力量。在许多人看来，越战和“水门事件”都使美国丧失了某种美德，但福特却把它们重新找回到白宫。福特所树立的公正、坦诚、乐观的领导者标准，其实也正是走向新时代的人们所热切期待的。

智慧分享

什么叫大局观，看看福特就知道了。一个真正的政治家，是要有牺牲自己利益做正确事情的决心和勇气的。

真心对待他人、对待朋友的人，总是会有长久的友谊的。

你做的时候，别人在看着。

[1] 格林斯潘，1974～1977 年任福特政府白宫经济顾问委员会主席。1987～2005 年连续 18 年任美联储主席。

[2] 老布什，1976～1977 年任美国中央情报局局长。

[3] 基辛格，1969～1973 年任尼克松政府国家安全事务助理，并兼任国家安全委员会主任到 1975 年。1973～1977 年兼任美国国务卿。

[4] 斯考克罗夫特，1975 年成为福特总统的国家安全事务助理。

[5] 拉姆斯菲尔德，1975 年 11 月至 1977 年 1 月任国防部长，当时是美国历史上最年轻的国防部长。2001 年 1 月起任小布什政府的国防部长。

[6] 切尼，1975 年起任福特总统助理兼白宫办公厅主任。1989 年 3 月 21 日切尼出任老布什政府的国防部长。2000 年 11 月，出任美国第 54 届（第 46 任）副总统。2004 年 11 月，切尼再次当选美国副总统。

U.S. Leader's Wisdom

R. Nixon

尼克松：跌破“发行价”后如何反弹？

任期：1969 ~1974 年

不认输的摩羯

内向多疑

不善交流，但却渴望与别人建立友好关系，可又性格多疑，不轻易相信别人。一方面，很难和周围的人搞好关系，这使得他不容易在国内政局得到更多支持；另一方面，容易与陌生人交上朋友，这倒有助于他在外交方面取得辉煌政绩。

不认输

总统竞选失败后，依然坚持不懈，最终入主白宫。经历“水门事件”后，开始了漫长的“赎罪”之路，为恢复名誉而不懈努力。

神秘莫测

魔羯男很少表露自己真正的感情，基本上是一个孤独的人。对于尼克松，很多人的感受是，莫名其妙、不可思议、叫人难以理解。这种神秘感帮助他获得了权力，但也使他失去了很多潜在朋友的帮助。

同一星座的名人：
牛顿，斯大林，猫王

关键词:

关门与开门

1993 年 4 月 11 日，尼克松最后一次访问中国，他站在 1972 年他访问中国时专门为他和周恩来定做的一艘小船上，对陪同他的美国女助手无限感慨地说:“有两件事将使我载入史册，‘水门事件’和对中国开放。一件是坏事，一件是好事。”一个关门，一个开门，真是天壤之别。

不死鸟

事实上，尼克松的几起几浮，也揭示出美国强大的关键所在，即宽容:给各种人以机会，给各种人以舞台，即便是尼克松这样因丑闻而下台的人，仍然可以参政、议政，发挥他的全部能量，并重新得到人们的认可和尊重。

白羊夫人

在 12 星座中，白羊座女子是最能帮夫的，而尼克松的夫人帕特，也恰恰就是这样一个有帮夫运的“白羊”。在尼克松当任众议员后，她就把丈夫的“事业成就”放在一切工作的首位，成了尼克松的得力助手。在历次竞选活动中，她总是与丈夫通力合作，配合默契，将所有的精力和耐心投入到艰苦的拉票活动中。在“水门事件”期间，帕特更是在家中起到了“精神支柱”的作用。

别伤着媒体，别伤到翅膀

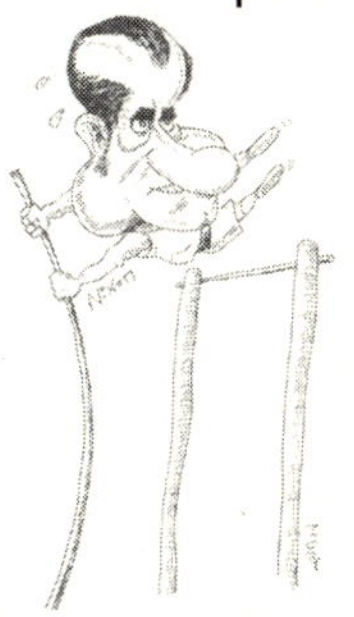

应该说，尼克松是非常有政治经验的政治家，也十分善于处理危机。但遗憾的是，在处理与媒体的关系方面，他不仅过于强硬，而且方式也明显落伍。在美国媒体进入电视时代之后，尼克松显然没有跟上形势，仍然用20世纪50年代的思维看待问题，结果不仅与媒体结怨，而且最终也输在了媒体身上。

媒体对尼克松的报道和评价较多负面，这有着历史原因。在50年代初期，反共浪潮激荡美国，“麦卡锡主义”横行。善于投机的尼克松选择了靠反共成名的道路，积极支持麦卡锡。但问题是，美国新闻界历来是“自由化”的大本营，基本政治立场属于中间偏左，因而对于极右派的尼克松十分反感，彼此很不对付。

此后，美国进入了电视时代，尼克松也因为未能认清“形势”而在与肯尼迪的总统竞选中惜败。遗憾的是，此后尼克松一直未能正确认识媒体尤其是电视的价值，继续生硬地对待媒体，双方关系未有改观。而在当时美国媒体的笔下，尼克松以擅长权术著称，被封上了“狡猾的迪克”（Trick Dick）的恶名，时常遭到媒体的嘲讽和恶搞。

入主白宫后，尼克松更是将媒体当作对立面，甚至煽动民众打压媒体，《纽约时报》、《华盛顿邮报》等媒体是他重点打击的对象。更要命的是，尼克松任命的29岁的新闻秘书齐格勒，年轻气盛，根本不把媒体放在眼里，采取的是与媒体为敌的做法，结果将尼克松与媒体的关系推向了负面的极致。

更让媒体无法容忍的是，尼克松还首开了恫吓媒体的先河，不仅威胁那些“不友好”的记者，而且指责那些报道了坏消息的媒体。让美国媒体啼笑皆非的是，小布什在执政的大部分时间里都复制了尼克松的做法，并且成功地压制了异议声音。这样做也同样引起了美国媒体的极大反感，这一点，从小布什任职后期媒体的口诛笔伐就看得非常清楚。

做媒体的冤家是要付出代价的。

事实证明，美国媒体在“水门事件”的揭发方面，起到了很大作用，也因此彻底埋葬了尼克松的政治生涯。1972 年 6 月 17 日，尼克松总统连任委员会的 5 名共和党成员潜入民主党位于华盛顿水门大厦的全国总部，偷拍文件和安装窃听器，刺探民主党的竞选策略和活动情况，结果当场被捕。为不影响连任，尼克松施加压力下令掩盖事实。同年 11 月 7 日，尼克松竞选连任成功。但媒体并没有放过尼克松，从 1972 年至 1974 年，调查记者，特别是《华盛顿邮报》的记者伍德沃德和伯恩斯坦对事件穷追猛打，并最终引起了全社会的关注，也迫使尼克松在 1974 年 8 月宣布辞职，成为美国历史上第一个被迫辞职的总统。

奔跑，跌倒，再奔跑

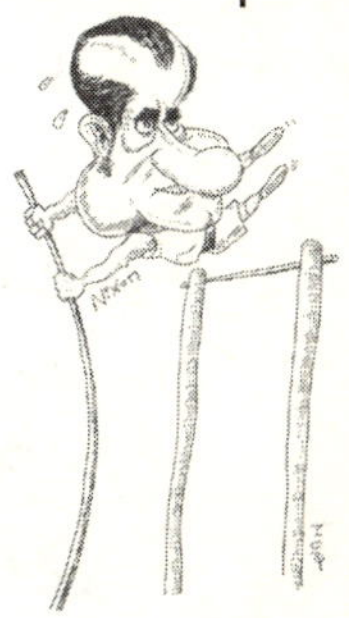

尽管尼克松是美国历史上最有争议的总统之一，但在“生命力”方面，他却是并不多见的人物。正如他去世后人们对他的评价那样，尼克松的过人之处在于他罕见的自我恢复能力，以及他跌倒了又站起来的勇气和自信。与许多人不同的是，无论因为什么事情摔倒，尼克松的第一反应不是抱怨，而是重新站起来，寻找新的路。不断地奔跑、跌倒、再奔跑，也许便是尼克松一生的写照。

1960年，尼克松输掉了与肯尼迪的竞选，不久，他又参加了加利福尼亚州州长竞选，结果惨败于民主党的埃德蒙·布朗。在两年的时间内，他在总统和州长的竞选中屡遭失败，一时情绪极为失落，很多人以为他的政治生涯可能已经走到了尽头。但尼克松却不这样想。

在连遭挫折后，尼克松以退为进，退居幕后，暗暗地积聚力量以待东山再起。1964年大选时，尼克松为共和党总统候选人戈德华特出力奔走。1966年他又全力以赴地为共和党议员助选。其间，尼克松不时著文、演说，发表政见，出国访问，为即将到来的总统竞选打好基础。

机会终于来了。1968年尼克松代表共和党参选，当时民主党政府因越战而陷入泥潭，内外政策方面都面临重重困难，苦无良策。更致命的是，民主党内部混乱异常，约翰逊中途引退，罗伯特·肯尼迪[1]竞选中遇刺身亡，相反，尼克松提出的“结束越战”、维护“法律和秩序”等主张则深得民心，帮助他当选总统。

对于尼克松，最大的考验则是“水门事件”之后他辞去总统职位后的经历。辞职时的尼克松已经61岁，而且又遭遇如此的耻辱和打击，一般人会长期隐居，只求安度晚年。但尼克松却不这样想，他要再次站起来，并且完成一件几乎无人能做成的事情——“用另一种努力改变自己在美国公众心目中的形象，挽回自己的声誉”。

事实证明，穷人出身的尼克松确有惊人的弹性和活力。在此后20多年的时间里，尼克松不断反思自己，积极参与国际事务，为美国的在任总统出谋划策，在国内外讲演数百次，写出了包括《领袖们》在内的近十部畅销书，堪称卸任总统中笔耕最勤奋、成果最丰硕的一位。即便到今天，尼克松关于领袖的论述，对世界形势的判断，仍然显得那样独到。正如他自己所说：“只有你处于最深的峡谷，才能知道爬上最高的山峰时，风光是多么壮丽。”尼克松通过自己的努力，救赎了自己，也给千千万万做过错事、深陷困境的人做出了榜样。

政治有时需要一点点意外

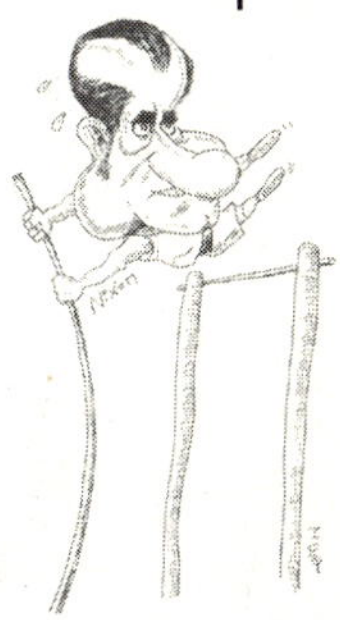

政治如同恋爱，有时需要一点点意外。

“尼克松冲击”，是一个让日本人很“难忘”的说法。第一次冲击，是尼克松政府于 1971 年 8 月 15 日宣布实行的“新经济政策”，该政策对外采取了两项措施：放弃金本位，停止美元兑换黄金和征收 10% 的进口附加税，从而导致二战后的“布雷顿森林体系”[2] 崩溃，西方国家股价普遍下跌，严重损害了许多国家的利益，加剧了国际经济、金融的动荡。美国政府的这一决定对日本的影响最为严重，故被日本金融界称之为“尼克松冲击”。

第二次冲击更是刻骨铭心。进入 20 世纪 70 年代，尼克松开始考虑改善与中国的关系以共同应对苏联的威胁。1971 年，基辛格访华，为尼克松访华做铺垫。这一事件直到公布前的最后一刻才通知日本政府，日本人深感被美国所抛弃。这次事件对日本政坛和外交政策都产生了巨大冲击，称为第二次“尼克松冲击”。

对于第二次冲击，尼克松可谓是津津乐道。正如专栏作家马克斯·伦纳所称赞的，“‘意外’政治艺术把人们领过惊愕的重门、引向希望的王国”。《法兰西晚报》的头版头条则是“尼克松的突然一击”，说他把整个国际形势搅了个天翻地覆。时至今日，尼克松在中美关系上所做的这一具有突破性和戏剧性的努力，仍堪称国际政治中的经典案例，而“乒乓外交”[3] 的形式更是被许多国家所借鉴和复制。

早在 1952 年参加副总统竞选时，尼克松就曾以“意外政治”赢得关键一击。在竞选进行到关键阶段，突然爆发了

"秘密基金"[4]问题，各大媒体都进行报道，舆论哗然，一时间要求尼克松退选的呼声四起。艾森豪威尔怕受牵连，也有意换人。但尼克松不愿放弃机会，坚持参选。

最终，尼克松决定在电视上为自己辩护：他向观众详述了他的家庭开支，列出他家的逐日账目，表明自己既未贪污受贿，也没有挪用公款。最为巧妙的是，尼克松在电视讲话中承认，在他被提名为副总统候选人后，家里确实接受过外人所送的一件礼物，那是一条带黑白斑点的长耳朵小狗。他 6 岁的女儿特里娅十分喜爱这条小狗，给它起名为"西洋棋"（这只狗的颜色黑白相间，像西洋棋的棋盘一样）。尼克松表示，不管别人怎么说，这件礼物他决意要留下来。

听众听到这里，对尼克松产生了信任感，认为他连收到一只狗都说了出来，还有什么隐瞒的呢？演讲一结束，电视台的电话便忙个不停，成千上万的支持者打电话来，支持尼克松。在尼克松下榻的饭店，也收到了几千份电报。人们还送给"西洋棋"各式各样的狗项圈、毯子、狗窝和狗粮。

事实证明，尼克松在电视台"报账"的表演，收到了出人意料的效果，获得了人们的同情和谅解。一场风波平息下去，尼克松也最终辅佐艾森豪威尔进入白宫，并成为美国历史上最年轻的副总统之一。

智慧分享

对于人生低谷，很少有人能像尼克松那样体会如此深刻，也更有理由放弃。但令人佩服的是，就算眼前一片黑暗，尼克松仍能从中找出光亮来，慢慢地走出去，去看新的风景。

除非你自己不想走了，否则一定有路在前面。

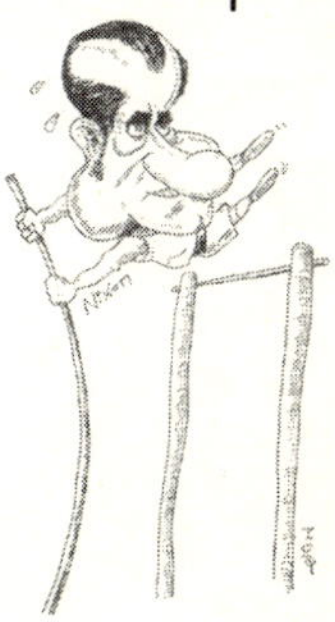

[1] 罗伯特·肯尼迪，美国前总统约翰·肯尼迪的弟弟，1964 年当选为纽约州参议员。1968 年 6 月初，他刚赢得了民主党加利福尼亚预选的胜利，便于 6 月 5 日凌晨在洛杉矶一家旅馆内遭到枪击而死亡。

[2] 1944 年 7 月，在美国新罕布什尔州布雷顿森林的华盛顿山大旅社召开了 44 国参加的会议，通过了以美国“怀特计划”为基础的《国际货币基金协定》，全球固定汇率制的布雷顿森林体系宣布诞生。该体系的特点是：国际准备金中不再只有黄金，而是黄金和美元并重；美元成为唯一的主要储备资产；美国只允许外国政府在一定条件下用美元向美国兑换黄金，而不允许外国居民用美元向美国兑换黄金；国际货币基金组织成为国际货币体系正常运转的中心机构。

[3] 乒乓外交，指 1971 年中国邀请美国乒乓球队访华事件。1971 年 4 月 10 日，美国乒乓球代表团和一小批美国新闻记者抵达北京，成为自 1949 年以来第一批获准进入中国境内的美国人。14 日，周恩来在人民大会堂接见美国乒乓球队时说：“你们在中美两国人民的关系上打开了一个新篇章。我相信，我们友谊的这一新开端必将受到我们两国多数人民的支持。”1972 年 4 月 11 日，中国乒乓球队回访美国。中美两国乒乓球队互访轰动了国际舆论，成为举世瞩目的重大事件，被媒体称为“乒乓外交”。从此结束了中美两国 20 多年来人员交往隔绝的局面，使中美和解随即取得历史性突破。1972 年 2 月 21 日，尼克松访华，中美关系终于走向了正常化的道路。

[4] 一些人指控尼克松接受“百万富翁俱乐部”的贿赂，把一笔用于竞选的秘密基金挪为私用。

L. Johnson

约翰逊：为战争“牺牲”的“伟大社会”

任期：1963 ~1969 年

完美的“处女”

野心勃勃

有远大的抱负，职业信念很强，从年轻时起就开始筹备自己的白宫生涯。

过分的献身精神

是美国历史上罕见的精力充沛的人，曾在1天之内访问5个国家。

完美主义

做一件事情，就一定要把它做到最好，要不然就不做，害怕达不到尽善尽美。这一性格特点，使得他在越战中越陷越深。

神经质

特别爱说话，周围的人经常听得精疲力竭。脾气暴躁，对人要求严格。

同一星座的名人：

阿拉法特，托尔斯泰，迈克尔·杰克逊

关键词：

空空荡荡

约翰逊26岁时被任命为全国青年总署得克萨斯州分署署长，其间对手下人要求十分严格，喜欢挑他们的毛病。一次，他走过一个同事的座位，看到他的办公桌子上堆满了文件，就故意提高嗓门说："我希望你的思想不要像这张桌子这样乱七八糟。"这位老兄费了好大的劲，才在约翰逊第二次巡视办公室前把文件整理好了，并清理了桌面。但没想到，约翰逊一看原来乱糟糟的桌面变得空空荡荡，依旧讽刺说："我希望你的头脑不要像这张桌子这样空荡荡的。"

巨大综合征

约翰逊时代的美国，似乎得上了一种追求"巨大"的得克萨斯综合症：最大的福利计划，最大的教育计划，最大的民权立法行动，权力最大的政府，最大的国家发展计划（新边疆、高边疆、伟大社会），最大的美国影响力（连越南的沼泽丛林都值得去试一试），最终也就招来了一场最大的反战运动。而此间执政的约翰逊，更是将好大喜功的特点发挥得淋漓尽致。

约翰逊小跑

约翰逊堪称这个星球上精力最旺盛的人之一，曾经一天演讲22次，也曾一天访问5个国家，其劲头足以令昏昏欲睡的柯立芝在他的坟墓里都动将起来。约翰逊行动起来总是匆匆忙忙，即便是散步也像跑步一样，被人称作"约翰逊小跑"。

理想死了

1973年1月21日，尼克松总统在第二个任期就职典礼后一天宣布了越南停火。同一天晚些时候，他宣布了要拆掉"伟大社会"的计划。第二天，林登·约翰逊死了。

白宫属于有准备的头脑

看上去，林登·约翰逊是意外接替了遇刺的肯尼迪总统，但事实上，他却是自从麦迪逊以来接手总统职位时准备最佳的人。在洞悉美国政府这个巨大而复杂的机器内部运转的奥秘上，约翰逊可能是一个空前绝后的人。戴高乐曾把他称作是一个政治人，即亚里士多德所谓的政治的化身。他具有非凡的说服力，办事冷酷而卓有成效。

有人甚至半开玩笑地说："林登几乎还在婴儿期，他母亲就开始实施把他培养成天才的计划。"约翰逊的母亲常常给他讲故事，有历史伟人的故事，有开拓者的故事，有战斗英雄的故事。在他两岁时母亲就教他学字母，3 岁学"律诗"，4 岁开始识字，并上了一年级。从 10 岁时起，约翰逊就开始随父亲作竞选旅行，小学时就下定决心要当美国总统。

进入政界后，约翰逊更是卖力地为白宫岁月做准备。作为一位优秀的政治家，约翰逊知道如何交朋友，如何影响人们。他第一次竞选国会议员时养成了一个习惯，车里的汽油总是半满的，这样，他就可以去很多加油站加一点油，因此熟悉了地广人稀的西得克萨斯州的大部分小加油站老板，因为这一带的投票极少。他经常停下车来加油，找机会认识一些熟人，拉上一些关系，并慢慢培养出一种亲切感。

约翰逊的生活经历也帮助他准备着未来的"大业"。约翰逊生长于山区农村贫寒家庭，尽管他对权力和功名的渴求是众所周知的，但这些私人愿望并没有磨灭他为穷人、为普通人服务和帮助他们摆脱人生困境的志向，在他的政策设计中，关注的不仅是穷人的生计和福利，还有机会的提供，为的就是使生活的竞争变得更为公平。正如他所说的："伟大的社会，不仅需要满足肉体和商业需要，而且要满足人们对美的追求和对群体生活的渴望。"

事实证明，约翰逊母亲的计划取得了成功，约翰逊如愿以偿地坐到了最高决策者的位置上，得以有机会推行他自己改变社会的主张。而从他最初的施政来看，此前的思想和人脉准备，都起到了极其重要的作用。可以说，约翰逊差一点就成为美国历史上屈指可数的"伟大总统"。

要什么，国会给什么，凭啥？

像此前的几位接任者一样，约翰逊也面临着如何继往开来的问题。在继任总统后，约翰逊便冥思苦想地要寻找一个新奇的政治口号来团结人民，作为奋斗目标。在他之前的几位民主党总统都提出过激励民心的施政口号，比如罗斯福提出“新政”，杜鲁门提出“公平施政”，肯尼迪留下“新边疆”。

这时，约翰逊发现了英国政治思想家格雷厄姆·沃拉斯写的一本书《伟大的社会》。他觉得这个标题很有新意，便使用它作为施政口号。1964 年 5 月 22 日，约翰逊在密执安大学的一次演说中正式提出了“伟大社会”计划。

1965 年 1 月，约翰逊又提出一系列的咨文和特别报告对这个计划的内容加以充实和具体化。这个庞大的社会计划，内容包罗万象，从创造美好城市环境到治理污染；从向贫穷开战，增加就业机会，到强化社会保险和救济；从普及教育到公民权利；从开发农村到修筑高速公路；从“抚育孤儿”计划，到关爱老年……

对于这个将民主党的主张发扬到极致，让共和党人感到炫目的社会改革计划，约翰逊本人有过兴致勃勃的说法：“这里是伟大社会。咱们国家没有穷人的时候到了；咱们国家所有男女有权得到他们能接受的教育的时候到了；贫民窟从美国城市中消失的时候到了；美国绚丽多彩的时候到了；人民在上帝的支配下发挥自己最大潜能的时候到了；和平的时候到了，而且将永远延续下去。”

约翰逊雄心勃勃，想在任期内比其他民主党前任做出更大的成就。为此，他签署了一系列法案，据说仅在他任职的前两年内，提请国会通过的立法“比本世纪内任何一个总统在任何一届国会所提出的都要多”。为了纪念杜鲁门，约翰逊签署了《医疗保险法案》；为了纪念肯尼迪，约翰逊原汁原味地通过了《民权法案》；即便是在深陷困境的1968年，他也还是全力推动了《住房法案》的通过。

约翰逊有力地调动了全社会的支持力量，同时也充分利用了他在国会的丰富人脉，使得“伟大社会”的立法接二连三地在国会通过——单是教育方面就通过了40多件法案，包括以24亿美元补助高等学校，这比截至当时美国历史上制定的全部教育立法还多。约翰逊也喜欢把自己称为“卫生和教育总统”。

到第89届国会（1965～1966年）闭会时，“伟大社会”的115项立法，已有90项获得通过。这届国会，被戈德华特称作“静电复印国会”——约翰逊要什么，就通过什么，许多法案都是只字未改。由于约翰逊的计划是如此得人心，许多时候，根本就不用游说和动员，他的主张就得到了国会及社会各界的支持，仅卫生、教育、萧条地区发展经费三项拨款，就从1965年度的81亿美元增加到1966年度的114亿美元。

约翰逊的努力取得了惊人的成就：1964～1968年，穷人在美国人口中的比例减少了一半，失业率也有所下降。那是一个让约翰逊的对手都羡慕不已的年代。良好的经济局面使他深得富人赞赏；他向贫穷开战又使他受到穷人的拥护。一个共和党领导人叹息说：“我记不得有哪位总统能同时利用繁荣和贫穷为他服务。”如果在这种氛围下争取连任，约翰逊可谓十拿九稳。

聪明的猎手，不会同时追逐两只兔子

一个人的性格有时就是一把双刃剑。这一点，在约翰逊身上体现得尤为明显。

应该说，约翰逊是一个非常有使命感和进取心的人，但问题是，过强的使命感有时也会带来巨大的压力。在营造伟大社会的同时，约翰逊也念念不忘“遏制共产主义”的所谓“使命”，在越南的行动，就被他视为一项历史使命。

更为致命的是，约翰逊犯下了一个常识性错误：聪明的猎手不会同时追两只兔子。遗憾的是，本来一个庞大的“伟大社会”计划就已经需要动用几乎所有的政治和经济力量了，但约翰逊偏偏既选择了大炮又选择了黄油，并自信满满地说：“毕竟，我们的开国先辈就是一手拿枪打敌人，一手拿斧头建设家园，让全家温饱。”

但问题是，当一个人想同时追两只兔子的时候，却可能一只也追不上。事实上，约翰逊也曾担心战争会破坏他的伟大计划。不过，目睹了国内建设的成就之后，约翰逊开始变得过分自信了。在 1966 年的国情咨文中，约翰逊谈到了鱼和熊掌可以兼得的想法：“这个国家十分强大，足以使我们在世界其余地区追求我们目标的同时，仍能在国内建设一个伟大社会。”

耐人寻味的是，1965 年 8 月 27 日，林登·约翰逊庆祝他的 57 岁生日。按照约翰逊夫人的要求，白宫的厨师们做了一块以“伟大社会”为象征的漂亮蛋糕。蛋糕顶上点缀了一句话，故意与常用谚语“你不可能既有蛋糕又吃掉蛋糕”相反：“你可以既有蛋糕又吃掉蛋糕”。当约翰逊吹蜡烛的时候，他心里大概也是许了这么一个愿。

约翰逊急于做成事的性格，推动着他在错误的道路上越走越远。同样的，约翰逊不肯轻易放弃的性格，也使得他对越战割舍不下。渐渐地，从 1966 年起，越南战争开始耗去约翰逊的巨大精力，因为他要钻研地图，寻找轰炸目标，彻夜不眠地阅读战报，曾经的政治铁人，很快便显得疲惫不堪了。在他任期的最后一段时间，他甚至希望自己是“森林中的一只动物，只要我愿意，我就可以躺在树下睡觉、吃饭、读书，并做我想做的一切”。

约翰逊不希望看到的局面很快便出现了。随着战争的升温，不仅越战的惨况被曝光出来，引发了全社会的反战浪潮，青年人更是纷纷逃避兵役，拒绝到越南当炮灰；由于战争升级导致军费暴涨，国内出现了恶性的通货膨胀，人民的经济负担大大加重；“伟大社会”计划陷于停顿，黑人受歧视，生活贫困，更多的弱势群体感到压抑和不安，工人运动、反战运动、黑人运动此起彼伏，一浪高过一浪。

到 1968 年，越战使“伟大社会”计划基本化为泡影，使家庭、大学和民主党陷入严重的分裂之中，也迫使约翰逊宣布放弃寻求连任。最终，这位被称作“也许是这个星球上精力最旺盛的人”，为他的精力用错了地方而付出了代价，而“流血”的，又岂止是他的政治生涯……

智慧分享

约翰逊的小跑，使他能够超过很多人，但如果方向错了，他的能跑反倒成了拖累。

你可以跑得不快，但一定要跑得方向正确。

U.S. Leader's Wisdom

J. Kennedy

肯尼迪：
不死的青春鸟

任期：1961 ~1963 年

魅力双子

聪明绝顶

双子座以其高度发达的大脑而有“最灵活、最聪明的星座”之称，而肯尼迪作为美国历史上第一位双子座的总统，更是聪明得一塌糊涂，在智能上接近完美，可谓史无前例。

巧言善辩

他是能够“把任何东西卖给任何人”的超级推销员，无怪乎在电视辩论中，尼克松在他面前简直就是无计可施。

过度迷人

双子往往无法忍受孤独，总是以其灵巧和魅力吸引异性。风流倜傥的肯尼迪自然也少不了女人的陪伴，其中最著名的莫过于同是双子座的玛丽莲·梦露。

好奇心重

对新鲜事物总是充满渴望，这也注定了美国的登月计划会启程于肯尼迪时代。

同一星座的名人：
张学良，凯恩斯，基辛格

关键词:

“最”总统

约翰·肯尼迪是第35任美国总统，也是创下了诸多第一的总统：他是美国历史上最年轻的当选总统（当选时年仅43岁）。是第一位20世纪出生的总统；是首位信仰天主教的总统；是第一位依靠电视赢得大选的总统。

肯尼迪短暂的人生富有传奇色彩，他留下的思想之花也同样令人回味无穷。

“肯尼迪的孩子”

和平队是肯尼迪最津津乐道的成果，他同和平队的志愿人员之间似乎有着一条特殊的纽带。即便在今天，和平队员在一些地区还被人称作“肯尼迪的孩子”，而这个称呼也很确切地描写了他们之间的感情。有一个和平队队员后来写道，肯尼迪才是真正的“志愿人员”，这位总统不论多么忙碌，只要一有机会就会一批批接见他们，就像看镜子中的自己。

肯尼迪梦

肯尼迪留给人们的，不仅有实实在在的社会进步，更有激励美国人不断向前的梦想，这也使他成为一种象征乃至招牌。在某些地方，甚至连肯尼迪的名字都获得了如此的魔力：有一位在刀片厂当库房管理员的约翰·F·肯尼迪曾经两次当选为马萨诸塞州的司库，他所作的努力不过是把自己的名字写到了候选人的名单上，仅此而已。

两个解放宣言

1963年，在纪念第一次解放宣言一百周年时，约翰·肯尼迪写道：“那个宣言仅仅迈开了第一步——不幸的是，宣言的作者没有活下去推进这一工作。”1964年，肯尼迪孜孜以求的被称为“第二个解放宣言”的《新民权法案》获得通过，但像100年前一样，“宣言的作者”却已经不在了……

让我们一起追求嫦娥吧

说到阿波罗登月，便不能不提到肯尼迪，正是这位年轻的总统，启动了阿波罗登月计划，带给美国人“希望和冒险的情绪”，带动了美国科技的大踏步发展，并使得航天工业成为美国的支柱产业。

登月计划由肯尼迪提出并非偶然。就肯尼迪个人而言，从小形成的凡事争第一的性格使得他不甘心美国在太空探索上落在苏联后面。在苏联人加加林成功进入太空后，肯尼迪特别提出，美国必须在“这片新的海洋中扬起风帆”，必须成为“世界上主要的太空旅行国”。

在 1961 年 5 月肯尼迪的第二份特别国情咨文中，他做出了坚定而惊人的保证：“在这 10 年结束之前，要把人送上月球并使他安全地返回地球。”也正是从那时起，整个美国科技界都被动员了起来，最多时有 20 万人参与其中。为了确保计划顺利展开，肯尼迪还特别任命副总统约翰逊担任国家空间委员会主席，而约翰逊在国会的人脉则保证了发展火箭推进器的预算得以通过，并使国家空间委员会恢复了活力。

肯尼迪政府探索太空的热情得到了国会的支持，1961 年，美国空间预算增加了 50%，第二年更是超过了 1961 年以前历年空间预算的总和。也正是从那时起，美国人的空间探索工作“从低速转向高速”。

事实证明，肯尼迪的决策对美国的发展产生了深远影响。就科研而言，“阿波罗”计划的出现与实施，在此后的 10 多年间催生了液体燃料火箭、微波雷达、无线电制导、合成材料、高性能电子计算机等一大批高新科技产业群体，并衍生出了包括航空航天、军事、通信、材料、医疗卫生、计算机及其他方面科技的3000多项应用技术成果，带动了整个美国科学技术的发展与工业繁荣。

从经济上看，虽然整个计划持续近10年，耗资达255亿美元，但投入产出比却高达为1∶14，并推动了从医药到金属制造业等几十种行业的发展，航天工业如今也已成为美国在世界上最具领先地位的产业之一。更重要的是，“阿波罗”计划还引领了科技进步推动产业繁荣的浪潮，也为此后美国鼓励高校科研社会化和产业化法案的出台奠定了基础。

“阿波罗”计划对振奋美国民族精神、提高民族凝聚力也有着重大意义。在肯尼迪上台之际，苏联在许多方面都走在了美国前面，美国人急需一种激励，以便将能量发挥到正确的领域。而这项令人着迷的计划，则在一定程度上保证了人们的注意力集中在整个空间计划上，并且有一种实现它的迫切感。这种充满希望的生活态度，对于美国科技与经济的发达起到了关键作用。

不仅如此，肯尼迪加速实行的空间探索计划，对美国外交政策也很有助益。由于美国迅速走在了空间技术的发展前列，许多国家都争相与美国合作，并从美国的气象、航行和通讯卫星中得到好处，这不仅刺激了经济合作，也拉近了美国与盟国及其他国家的关系。

值得一提的是，肯尼迪在1961年向联合国发表的演说中，提出了全世界在一个新的领域——外层空间——进行和平合作的观点，并表示“决不能让宇宙的寒冷地区成为更加寒冷的冷战的新战场”。在此之后，肯尼迪还号召东西方合作“来创造科学的奇迹而不是使人看到科学的恐怖”，并提出了“让我们一起去探索星球吧”这一具有历史意义的口号。这一理念，在今天仍具有现实意义。

最好的政治，是做正确的事情

1956 年初，肯尼迪对总统这个职位还没有明确的意图时，他曾对一个新闻记者说："我料想凡是搞政治的人都想当总统。"

1960 年，他经常说的一句话是，"这个职位是行动的中心，是美国制度的主要动力和力量源泉"。

到了 1962 年，他说："你至少有机会对很多问题能有所作为……而且，如果你的所作所为是有益而成功的话，那么……这本身就是一件极大的快事。"

事实证明，他走向白宫的过程，也正是思想发生演进的过程。肯尼迪相信，如果什么事物有足够的力量去感动人民，并且在历史上留下痕迹，它就一定有合理的解释，而这种解释，在很多时候是那样简单，就是离人民的心更近一些。

在上任前后，肯尼迪尽可能广泛地深入全国各地，越是对美国现实有深入了解，肯尼迪就越发意识到，必须对民众最急切的需求给予充分关注。1961 年 2 月 2 日，上任不到两周的肯尼迪向国会送去了一份准备了好几个星期的全面的经济咨文，提出了把救济金扩大到失业工人的子女、给生产谷物的农民提供紧急救济、为全面的房屋建筑和贫民窟的清除计划提供经费、提高最低工资标准并扩大这一措施的实施范围等七项法案，4 个月后，全部法案就都通过了。

事实证明，肯尼迪非常善于利用与国会的"蜜月期"，他尽速推行了自己在民生问题上的一些主张，也树立起"民生总统"的形象。而这也仅仅是他在 1037 天的白宫岁月中所做事情的一小部分。尽管肯尼迪的一些主张未能在他有生之年得以兑现，但却给约翰逊实施“伟大社会”计划提供了很好的铺垫。

最好的政治，就是做正确的事情。而对于一位政治家来说，最正确的事情，就是对人民更好一些，对国家的未来更负责任一些，这样才会更亲切地被人们提起。

“才”源广进

对肯尼迪这位年轻的总统来说，在那样一个变革的年代，组建一个好的领导团队是做好其他事的基础，因为“政府这艘船是唯一经常在顶部漏水的船”。

肯尼迪的团队，是一个开放的团队。肯尼迪不愿他的内阁成员完全来自社会的一个阶层，他不希望自己的内阁是有成见的内阁。为此，他抛开以往自己的人际圈子，在全国范围内选拔精英，并亲自会见了准备委以重用的几十个人，研究了一些人的著作和资历，并同全国各地通电话去核对情况，其中最关心的问题是——“他是不是就会说空话”？肯尼迪最初考虑的农业部长，就是因陈词滥调太多而被他放弃。

肯尼迪的全国撒网，使得内阁成员具有了各种各样的背景，并能够向他提供各种独立的判断，而他们都无一例外地甘心为他以及为广泛的公众利益献身。这其中，没有具有全国影响力的人，没有安抚派系的人事安排，没有持不同政见的集团代言人，没有对于政治献金的回报——肯尼迪绝不会在人事安排上投人所好，而只是关心这些人能否称职。这种选择的好处在于，内阁中根本不存在什么派系，也就没有人搞小团体和阴谋了。肯尼迪最希望的汇聚人才能量的设想也便达到了。

耐人寻味的是，财政部长道格拉斯·狄龙，不仅是共和党人，而且是曾经支持过尼克松的人，但肯尼迪却并不在意，他需要的是一个“能够对华尔街的一些人直呼其名的人”，是一个能够帮助他重振疲软经济的人。而狄龙也确实不负所望，在促进自由贸易方面起到了很大作用，并通过减税促进了经济发展。同样的，身为福特汽车公司总裁的罗伯特·麦克纳马拉也是共和党人，但却被肯尼迪委以国防部长的重任。

把国防部和财政部这两个最重要的部委托给共和党人，这对民主党总统肯尼迪来说，是一个极富象征意义的事情——这个内阁从一开始，就表现出开放性来。

在另一方面，肯尼迪则坚决排斥这样一些人：过于自私自利，或者过于野心勃勃。那些无法与其他人很好合作的人，也在肯尼迪的视野之外。

事实证明，肯尼迪的人才内阁[1]发挥了惊人的作用，在肯尼迪就职后的4年时间里，美国经历了这个国家现代史上罕见的时间长、势头猛的经济发展。在这4年里，商品和劳务供应的增长超出了先前的8年。

读战争史是为了不打仗

上任不久，肯尼迪便遭遇了猪湾事件[2]的打击，在这些问题上的失误，却给了他某种积极的启示。正如罗伯特·肯尼迪所言，肯尼迪从数次危机中得到的“最终的教训”是“体验其他国家处境的重要性”。

正是基于这种思维，古巴导弹危机[3]才得以化解。当时,肯尼迪的指导思想是：“努力不使赫鲁晓夫丢脸，不使苏联人下不了台。”但同时也让他们知道美国人的决心。所以，肯尼迪力排众议，选择了不理睬赫鲁晓夫的第二封信，而对第一封信给予积极的回应。事实证明，他做对了。

这一“教训”的延伸解读则是，要学会换位思考，尽可能地避免判断错误。

喜欢历史的肯尼迪注意到，二战中，希特勒就严重低估了英国人的战斗意志，他没想到波兰战败后，英国还会那样顽强地抵抗。而在朝鲜战争中，美国也没有想到中国会参战。因此，在柏林危机时他对全国说：“在我的一生中，我国和欧洲3次卷入了大战，每一次双方对彼此的意图都做出了严重错误的判断，从而带来了巨大的灾难。现在，到了热核时代，任何一方对于另一方意图的错误判断，都可能在几小时内造成比人类历史上全部战争所造成的更为严重的破坏。”

肯尼迪和约翰逊时代的国防部长罗伯特·麦克纳马拉也提到过一个细节。在1962年，肯尼迪总统曾要求国家安全委员会的成员必须阅读芭芭拉·塔奇曼所著的《八月炮火》，他说，这本书清晰地描述了欧洲首脑们如何一错再错，结果被卷入第一次世界大战的灾祸之中。肯尼迪特别强调，“我决不愿意重蹈他们的覆辙”，“我们将不会贸然地卷入战争”。

在另外的一个场景中，我们会更深切地理解，为什么肯尼迪会特别喜欢丘吉尔“我们为谈判而武装”的名言。

一个阴雨天，肯尼迪坐在办公桌旁，他问杰罗姆·威斯纳[4]，是什么把放射性微粒带到核爆炸不直接命中的地区的。

“我告诉他，”威斯纳后来回忆说，“下雨时，雨把放射性微粒从云层中冲洗下来，然后带到地面上。”

肯尼迪听后望着窗外说：“你的意思是说放射性微粒就在外边的雨里吗?”

“是呀。”威斯纳说。于是肯尼迪望着窗外，显得非常忧郁，有好几分钟一句话也没说。

但遗憾的是，肯尼迪之后的领导人，并没有他那种悲天悯人的情怀，好斗的约翰逊很快便将越战扩大化了；而在同样年轻、能干的克林顿卸任之后，小布什则贸然发动了伊拉克战争，并且将烂摊子留给奥巴马乃至后人。

肯尼迪为什么“零工资”？

肯尼迪的总统生涯虽然短暂，但他却留下了许多幽默故事和警世名言。其中有一句话几乎每个美国人都被问道：“不要问美国为你做了什么，而要问你为美国做了什么。”这句话甚至超越了国界，成为许多国家公民的座右铭。

肯尼迪非常欣赏爱因斯坦的一段话：“我每天一再提醒自己，我的精神生活和物质生活都依赖别人——活着的人和死去的人——的辛勤劳动，因此我必须竭尽全力，以便给予别人以等量的东西。”他把这段话放在了文件夹中，常常拿出来看。

在短短的一生中，他也确实都在努力给予别人等量的回报。

也是美国历史上的第一次，肯尼迪将自己的政府薪金——作为国会议员、参议员和总统——都捐献给慈善事业，约计50万美元。他的竞选活动虽然花钱很多，但却总是避免那种可能被指责为炫耀金钱的铺张浪费（诸如广告牌、报刊上的整版广告或者电视广告节目等）。

与一些政治家不同的是，他把自己的幸运当作是一种义务：“被上帝赏赐了很多东西的人，就有必要做很多的事情。”

而另一段话则指向美国的政治家们，并且也值得各国政治家借以自问：对谁赋予多，对谁要求也多。换句话说，就是“有了权力，我们就有责任”。

在未来的某一天，当历史的高级法庭审判我们每个人，审查我们在短短的任期内是否履行了自己的职责时……我们的成就……将根据对下列4个问题的答复来衡量：

首先，我们真是勇敢的人吗？

其次，我们真是果断的人吗？

第三，我们真是正直的人吗？

最后，我们真是具有献身精神的人吗？

肯尼迪留下的这4个问题，至今拷问着领导者的良知，也具有了超越国界的历史意义。

智慧分享

肯尼迪无疑是极其聪明和才华横溢的人，难得的是，他同样也是最能听得进去别人的话、最能从失败中吸取教训、也最愿意理解和体会他人感受的人。如果再给他一些时间，真的不知道他能做出怎样的伟业。

聪明不是错，错的是以为别人不聪明。成功的是肯尼迪，失败的是尼克松。

[1] 肯尼迪遇刺身亡后，这些人大都在约翰逊政府留任。

[2] 1961年4月4日，当选不久的肯尼迪批准了向菲德尔·卡斯特罗领导的古巴革命政府进行武装进攻、代号为“冥王星”的战役计划。4月17日，在中央情报局的协助下，一支由1200多名叛逃美国的古巴人组成的美国雇佣军突袭古巴，他们在美国飞机和军舰的直接掩护下在古巴中部登陆，占领了长滩和吉隆滩，并继续向北推进。古巴军队和民兵经过72小时的战斗，全歼了被包围在吉隆滩的美国雇佣军。这就是震惊世界的吉隆滩之战，美国称之为猪湾事件。

[3] 1962年，加勒比海地区发生了一场震惊世界的古巴导弹危机。它由苏联在古巴部署导弹、美国则坚持要求撤除导弹而引发，最后以双方的妥协而告终。在危机持续的13天内，苏联领导人赫鲁晓夫两次致函肯尼迪，第一封信保证在美国国会中期选举之前不会干任何有损国际关系和两国关系的事情；第二封信同意从古巴撤出“您（肯尼迪）认为是进攻性的手段”。

[4] 杰罗姆·威斯纳，当时负责科技事务的总统特别助理。

U.S. Leader's Wisdom

D. Eisenhower

艾森豪威尔：五星上将总统

任期：1953～1961 年

星钻天秤

擅长交际

在社交场合往往是人们景仰、推崇的对象，是大家模仿企及的典范，犹如一颗星钻，发出摄人心魄的光芒。

讲求平衡

在他的心目中，永远有一个天秤，在衡量着他的施与和回报是否能维持平衡。由于凡事都要公平合理，所以他最喜欢做协调，人际关系亦很好。

说到做到

在采取行动前常显得满不在乎，可是一旦打定主意，则勇往直前，故多半都能得到想要的东西。这一点，在艾森豪威尔统帅盟军时体现得尤为明显。

善于妥协

能充分考虑他人处境，利他主义者。朝鲜战争中，当艾森豪威尔从麦克阿瑟（是与天秤座关系最好的水瓶座）的手中接管战争的大权后，第一件事，就是立刻以天秤座的妥协方式结束了战争，签订了停战协定。

同一星座的名人：

孔子，普京，撒切尔夫人

关键词：

十字时间计划

画一个十字，分成四个象限，分别是重要紧急的，重要不紧急的，不重要紧急的，不重要不紧急的，把自己要做的事都放进去，然后先做“紧急重要”那一象限中的事，这样一来，艾森豪威尔的工作生活效率大大提高。此事成为美国成功学家们津津乐道的美谈。

句号

有一次，艾森豪威尔参加一个聚会，席间有6位贵宾受邀演说，艾森豪威尔排在最后。轮到他上台时，已近午夜，全场听众在前5人的连续轰炸之下，都疲惫不堪，昏昏欲睡。善解人意的艾森豪威尔很知趣地说：“演说中总有句号，就让我当那个句号吧！”他最短的演说赢得了满堂彩。

守口如瓶

一次执行战略计划，艾森豪威尔已经知道工作部署，正巧他的一个好友来看他，并向他询问机密，艾森豪威尔问：“我如果告诉你，你能做到守口如瓶吗?”朋友斩钉截铁：“我能。”“我也能！”艾森豪威尔坚定地说。朋友只得讪讪而去。

人生如牌

艾森豪威尔年轻时喜欢打牌，有时抓到烂牌就会抱怨不休。一次，他母亲对他说：“人生就和这打牌一样，发牌的是上帝。不管你手里的牌是好是坏，你都必须拿着，你都必须面对。你能做的，就是让浮躁的心情平静下来，然后认真对待，把自己的牌打好，力争达到最好的效果。这样打牌，这样对待人生才有意义！”这番话对艾森豪威尔有着极大影响，激励他以最佳的心态去迎接挑战，创造奇迹。

用人性办人事儿

在美国历史上，一共有过 10 名五星上将，艾森豪威尔是其中之一；在所有五星上将中，他是晋升最快的一个，从上校到五星上将仅用了 4 年时间；而且他是美国历史上唯一当上总统的五星上将。

那么，是什么使艾森豪威尔创造了这一系列的奇迹呢？

艾森豪威尔可谓大器晚成的典型，在为赴欧作战的美军选定统帅时，艾森豪威尔也只是一名新晋升的少将，但出人意料地是，名不见经传的艾森豪威尔却被委以重任，超越了在他前面的 366 名高级将领，成为美国历史上继潘兴[1]后第二任远征欧洲的统帅。

对于选择艾森豪威尔，马歇尔在给罗斯福的提名报告里解释说："艾森豪威尔不仅具有军事方面的学识和组织方面的才能，而且还善于使别人接受他的观点，善于调节不同意见，使人感到心情舒畅，并真心地信赖他。而这些品德与长处又恰恰是我们驻欧洲部队的统帅所必须具备的素质。"

应该说，最为马歇尔看重的，是艾森豪威尔的凝聚力，因为他的任务不是带兵打仗，而是领导带兵打仗的将军。就像奥本海默[2]在领导原子弹研制中所起到的独特作用那样，艾森豪威尔在团结由邱吉尔、蒙哥马利、戴高乐、达尔朗上将、布莱德雷、巴顿等领袖和名将组成的盟军方面，发挥了关键性作用。马歇尔对艾森豪威尔的使用，被视为仅次于林肯重用格兰特将军[3]的用人经典。

如后来的政治学家们所言，艾森豪威尔在完成盟军团结上所取得的成功是他的人格与能力的结果，由于他十分善于处理人际关系，也使得他的成功看上去从容不迫。历史学家们感叹说，艾森豪威尔动人的风度，热情的微笑，谦逊的态度，诚实与坦率，再加上他的力量与坚强信念，消除了最冷漠的英国人的疑虑。

就连轻易不表扬人的丘吉尔对艾森豪威尔都赞不绝口，称他“可能是世界上最乐观的人”，而乐观主义也确实是艾森豪威尔最难能可贵的气质，这种气质对于安抚重压下的英国和受伤的法国极为重要。让许多国家的将军和领导人感到欣慰的是，即便是面对那些被占领国家的人，艾森豪威尔也表现出十分的敬意。

艾森豪威尔也确实知道怎样做才能带好兵并建立有凝聚力的团队。在生活中，他为人随和，没有将军架子，喜欢和士兵们在一起，对繁文缛节不以为然。在战事的间隙，艾森豪威尔常到前沿阵地看望部下，了解情况，帮助解决问题。士兵们说他是个“通情达理的上司”，记者们称颂他为“平民将军”，而盟军士兵则亲切地称他为“好心的老艾克”。

令下属佩服的是，艾森豪威尔坚持的原则是“领导，只不过是对一切错误承担责任，而把一切好事归功于部属”。正是他的敢负责任、善于授权，使得下属能够充分发挥作用，从而保持了较强的团队凝聚力。

即便是后来当上总统，艾森豪威尔仍坚持平等对待他人、善于发挥他人特长的作风，经常打电话向在工业领域和经济领域做出卓越贡献的专家们咨询。并始终做到“在人性的基础上解决人的问题”。这一点，对后世的领导者有着极大的启发作用。

好领导，盯着锅里的，不看碗里的

艾森豪威尔是一个能够抓大放小的领导人。在战时，他能够抓住战争的转机大做文章，而在总统生涯中，他也能够充分放权，而把精力用在重大决策上。尽管他的总统生涯并不像战时统帅那样精彩，但他的领导方式却为后世的里根等领导人所活学活用。

更重要的是，艾森豪威尔还是一个有大局观的领导者。美国参战后，罗斯福政府一直在思考美国究竟是“先欧后亚”还是“先亚后欧”，抑或是“欧亚并重”的战略问题。当时，由于珍珠港事件[4]给美国人带来巨大的心理震撼，而在太平洋战场上美军与日军也是打得难解难分，美国多数人都认为应该以太平洋地区为战略重点，先打败日本人，再对付希特勒。但罗斯福和马歇尔却不这样想。从二战的整体战略上考虑，他们认为必须实行“先欧后亚”战略，就是说要把美国的主要力量先放在欧洲，而不能化整为零地用于太平洋地区，这样在打败希特勒之后，日本就会成为真正意义上的“孤岛”。

按理说，艾森豪威尔在菲律宾服役 6 年之久，对日本人可谓深怀仇恨，应该是极力主张坚持“先亚后欧”战略的人。然而，艾森豪威尔却在并不知道罗斯福和马歇尔想法的情况下，坚决主张“先欧后亚”战略，并且还制定出了一份完备的美军赴欧作战统一指挥问题的报告，这使得马歇尔相信，艾森豪威尔可堪重用。

有意思的是，艾森豪威尔在选择主将时，也比较倾向于任用有大局观的人，布莱德雷[5]和尼米兹[6]就是很好的例子。

这也给后世的管理学提供了很好的案例，即在一个组织中，如果最高领导人具有大局观，那么其他高级领导者和中层干部具有大局观、能够为整体利益考虑的可能性就会大许多，其中，不仅有人事任命的缘故，也有上行下效的因素。就像有大局观的罗斯福重用马歇尔，同样大气的马歇尔重用艾森豪威尔，而艾森豪威尔则提携布莱德雷等人，从而在人力资源上保证了美国在反法西斯战争中发挥重要作用。

通用好，美国就好？

不过，与风光无限的军旅生涯相比，艾森豪威尔的总统生涯却并不十分尽如人意。这其中，艾森豪威尔政府与利益集团走得过近，是不可忽视的原因。

艾森豪威尔政府的特点之一是，政府的重要职位几乎都被垄断财团的代表人物占据：洛克菲勒基金会主席杜勒斯当了国务卿，通用汽车公司的总经理查尔斯·威尔逊、副总经理凯斯分别出任国防部长和副部长。在其他内阁部长中，除劳工部长是工会负责人外，其余也都由企业家担任，甚至在白宫里面也是如此，这也使得美国媒体将艾森豪威尔的政府称为“大企业家集团”。

耐人寻味的是，威尔逊持有通用汽车公司200多万美元的股票，在参议院讨论他的任命时，引起了议员的质疑。颇为经典的是，当时议员问威尔逊如何处理国家和公司的关系时，他回答说：“我认为对通用汽车公司有利的，对美国也有利，反之亦然。”这句话不经意间流传后世，成了美国政治的一句“名言”，因为它赤裸裸地道出了政府和财团之间的紧密联系。

在50年代，军事－工业复合体确实是一个热门话题，当时企业和军队有计划地交换军官和经理，让他们相互为对方工作，上百名退休的军人为军火商工作，许多公司的高级管理人员也在为政府工作。这种情况一直持续到肯尼迪和约翰逊时代。

事实上，艾森豪威尔对军事－工业复合体也是忧心忡忡。作为军人出身的政治家，艾森豪威尔对军工企业与五角大楼的“相依为命”怀有复杂的心情。一方面，他很清楚地意识到，二战结束后，如果没有武器生意，绝大多数的军火商都不可能生存下来，而在60年代，麦道、洛克希德等公司2/3以上的生意都是与五角大楼做的。甚至定制50美元的烟灰缸，也是基于国家安全的理由。

但另一方面，厚利，必然带来厚礼。在享受到这一系列优惠和照顾之后，军工集团也会对政界投桃报李，从而导致了诸多腐败和灰色现象出现。这令艾森豪威尔感到十分忧虑。

不仅如此，利益集团对政治生活影响力过大，也直接影响到政府的政策制定，在相当程度上降低了政府的威信。

以美国公路发展计划为例。当时，美国每年因为绕道、交通堵塞等原因会损失几十亿小时的宝贵时间，相当于损失了几十亿美元的产值。为了解决这个问题，艾森豪威尔总统提出了一个耗资500亿美元的公路修建项目，他和国会中的支持者最初的设想是，主要从汽油销售的税收当中征收兴建新的州际高速公路网的费用，也就是一种用户收费，取之于民，用之于民。但让艾森豪威尔感到失望的是，国会在1955年被迫屈服于来自卡车司机、石油公司和其他公路利益集团的反对压力，使得每一项有关兴建新的州际高速公路网的议案都被挫败，无法通过。

令人遗憾的是，艾森豪威尔的计划原本只用10年的时间就可以全面完成，而这将对美国经济发展及民生产生积极影响，但结果却是，州际公路系统修建计划中得到拨款的最后一个项目，也就是被称为“波士顿大掘进”的超大隧道和桥梁建设工程，直到50年而不是10年之后，才于2004年开工建设。而这，仅仅是艾森豪威尔诸多未酬的壮志之一。

智慧分享

盟军统帅为什么选中艾森豪威尔？领导原子弹研究为什么选中奥本海默？一个重要的原因就是，他们也许不是巴顿或者爱因斯坦，但他们是能够将这样一些名将和天才科学家凝聚在一起的人。

如果你不能成为顶尖的业界人物，就努力成为最能团结人的业界领导吧。

[1] 约翰·潘兴，美国将军，又称“铁锤将军”，毕业于西点军校。第一次世界大战期间曾任欧洲美国远征军总司令，在第一次世界大战后期指挥美军发挥了重要作用。1919 年 9 月，正式晋升为陆军特级上将。国会并为此立法以后都不再设立特级上将。

[2] 罗伯特·奥本海默，美国犹太人物理学家，曼哈顿计划的主要领导者之一，被称为美国“原子弹之父”。美国业内人士一致认为，没有奥本海默的非凡领导才能，原子弹赶在战争结束之前实验成功并且投入使用，是不可能的。

[3] 美国南北战争期间，林肯总统为了保证战争的绝对胜利，力排众议，提升身上缺点不少但却骁勇善战、具有指挥才能的格兰特。从少将到中将再到三军总指挥，林肯一再提拔这个能够统率千军万马的战略奇才，从而加速了战争胜利的步伐。

[4] 1941 年 12 月 7 日清晨，日本皇家海军的飞机和微型潜艇突然袭击美国海军基地珍珠港以及美国陆军和海军在夏威夷瓦胡岛上的飞机场。这次袭击最终将美国卷入第二次世界大战，它是继 19 世纪墨西哥战争后另一个国家第一次对美国领土的攻击。

[5] 奥马尔·布莱德雷，美国陆军五星上将。毕业于西点军校。1943 年 2 月前往北非，任地中海战区盟军总司令艾森豪威尔的战场私人代表。后接替 G. S. 巴顿任第 2 军军长。1943 年 9 月任美第 1 集团军司令，参与制订诺曼底登陆计划。1944 年 6 月率部参加诺曼底登陆战役。8 月 1 日任第 12 集团军群司令。1948 年 2 月任美国陆军参谋长，翌年 8 月任参谋长联席会议主席。1950 年 9 月被授予陆军五星上将军衔。

[6] 切斯特·尼米兹，美国海军五星上将。1941 年 12 月 17 日晋升为海军上将，出任美国太平洋舰队总司令。1941 年底 ~ 1944 年底，尼米兹指挥了珊瑚海、中途岛、所罗门群岛、莱特湾等海战和登陆战。1944 年 12 月，尼米兹晋升为海军五星上将。1945 年 9 月 2 日，尼米兹代表美国参加日本投降仪式。1945 年 11 月，尼米兹出任美国海军作战部长。

U.S. Leader's Wisdom

H. Truman

杜鲁门：
庄稼地里“种出”总统

任期：1945～1953 年

无悔金牛

脚踏实地

性格稳定持久，有坚持不懈、不达目的绝不罢休的精神，忍耐力强。

不易被干扰

有自己独特的做事方针，不易于被别人所说服，一旦决定了，就不会后悔。

追求公正

在国内事务中，提出了公平施政的纲领以及一系列民权主张。

为人友善

给人朴实可亲的感觉，这也是他能够战胜杜威，并最终为民众所认可的关键原因。

同一星座的名人：
马克思，列宁，南丁格尔

关键词：

农夫

当杜鲁门成功当选美国总统后，许多记者来到他家采访他的家人。有记者问杜鲁门的弟弟有何感受，他一语惊人：“我为哥哥感到骄傲，他将是美国最优秀的总统之一，但我同时为我自己骄傲，我是一名农夫，我用自己的手养活自己，照顾爸妈。”事实上，杜鲁门也始终为他的农民出身感到骄傲。

美国梦

在很多美国人眼中，杜鲁门是“美国梦”的一个典型体现——从小职员、自耕农，脚踏实地、坚韧不拔地一路奔向白宫，而且他还是唯一从未上过大学的美国总统。这似乎也是杜鲁门颇能令普通人心生好感和认同感的一个重要原因。

“老板”

白宫的工作人员叫杜鲁门总统“老板”，而杜鲁门却叫自己的夫人为“老板”。一般情况下，杜鲁门晚上都会带好多问题向他的“老板”请教，而第一夫人也会在幕后向杜鲁门施加影响。杜鲁门对此并不反感，因为夫人常常说得在理，他还自豪地说：“她是唯一能骂我而不受惩罚的人。”

同床共枕

1948 年大选前，民意测验表明杜威有着绝对优势，信心百倍的杜威于是对夫人说：“你就要跟美国总统同床共枕啦，你觉得怎么样？”夫人说：“非常荣幸啊。我都有点儿等不及啦！”但最后的结果让人们大跌眼镜，不被看好的杜鲁门胜出。杜威夫妇吃早餐时看到了报纸。夫人瞟了丈夫一眼，问：“现在是我上华盛顿去呢，还是你让杜鲁门到我这儿来？”

白宫里跑出黑马来

做伟大人物的继任者，是件不容易的事情。富兰克林·罗斯福的突然离去，给美国，也给白宫留下了巨大的精神真空，同时也使杜鲁门承受了巨大的压力。

一个很说明问题的细节是：在祭奠罗斯福总统的仪式上，杜鲁门总统走进东大厅时，人们忘记了起立。这种礼仪上的疏忽连杜鲁门自己也没意识到，或者即使他注意到了，也能理解在场的人还不能把他同他的崇高职位联想在一起；他们所能想到的一切是总统去世了。然而，当罗斯福夫人进来时，所有的人都站了起来。

事实上，不仅杜鲁门，几乎所有的人都还没有及时从罗斯福离去的冲击中回过味来。杜鲁门做副总统时的一贯低调[1]，也使得人们很难将他与罗斯福的继承者联系起来。但事实证明，不被看好的杜鲁门做得还不错，不仅成功连任，而且还获得了较高的历史地位。

杜鲁门的朴实，是他很快被人们接受的一个重要原因。杜鲁门的亲民作风是很自然地表现出来的。在白宫，杜鲁门与所有内务人员都相处得很好，叫得出每个人的名字，也了解他们的家庭状况。如果有客人来，他就把他们介绍给客人，据说，他是历来唯一这么做的白宫主人。他知道速记员的孩子感冒的事，也知道佣人亲戚去世的消息，他还是第一个走进白宫厨房的总统（而金牛座也确实常常是美食家）。

杜鲁门的随和与尊重人的品质，为他迅速赢得了人们的尊重。尽管他在个人魅力方面无法与前任相比，但他对普通人的了解一点不比罗斯福少。

事实也证明了，心中始终装着他人，装着民众疾苦的领导者，时常会得到命运的眷顾。耐人寻味的是，在不被看好的情况下，亲民风格甚至还在一定程度上帮助杜鲁门“意外”地赢得了 1948 年大选。

当时，为了竞选，杜鲁门几乎跑遍了美国，他写信给他的妹妹说：“我们至少停过 140 站，发表了 174 次演讲，至少握过 3 万只手，还能随时再次出发。”

然而，与他相反的是，因担心会感染细菌，杜鲁门的竞争对手杜威却极端地憎恶握手，尽可能地与选民保持着“距离美”。

就这样，在杜威的智囊团不屑一顾地说“大家（去见杜鲁门）只是在看热闹”时，杜鲁门却已经实实在在地赢得了那些与他近距离接触的选民的心。为不看好杜鲁门的人所忽略的细节是，在杜威的大本营欧本尼，竟然也有上万人冒雨迎候着杜鲁门的到来，并且大叫：“把他（杜威）干掉，哈里！”

当杜鲁门亲切地与选民拉家常时，杜威却在不经意间犯下了错误。在伊利诺伊州的一个小城，杜威乘坐的火车出了点小意外，车子没有及时停下来，结果引起了人群的恐慌。“这是我第一次觉得我的火车司机很恐怖，是个疯子，”杜威不假思索地说，“他应该在日出的时候被拖出去枪毙……”

杜威这种“不经意”暴露出的傲慢自大，也显示出他与普通劳动者的距离[2]。结果，故事迅速流传，对杜威影响极坏。最终，杜威不仅输掉了他认为非常关键的“共和党的大本营”伊利诺伊州，也输掉了这场被绝大多数媒体看好的竞选。

杜鲁门的当选，让整个国家都大吃一惊，尤其是那些预测专家和权威人士，但在民间，普通百姓却并不意外，在一些地方做的测验中，打上杜鲁门（民主党）标签的鸡饲料卖得十分好。而一位女明星发给杜鲁门的贺电更是直截了当地点出了问题的实质：“人民把你放在了你的（总统）位置上。”

如何骑在老虎身上而不至于跌下来？

杜鲁门之所以能够在罗斯福去世后从容应对挑战，还有一个重要原因，那就是有一种纯天然的乐观心态。还是在少年时代，杜鲁门就从母亲那里学到了一种新式的诙谐，一种“包含着完全的笑，包含着对自我命运的欣赏和挑战”的心态。

重要的是，他学会了在遇到困难和挫折时继续肯定自己，并且找到了一种自我安抚的方法，那就是在心里永远不要想着“遗憾”的事，这使他在以后的日子里敢于对自己所做的事情负责，而不过多地注意前进途中遇到的障碍。

在罗斯福去世的第二天，杜鲁门对记者们自我解嘲地说：“我不知道你们这些小伙子是否有过被成堆的干草砸过的经历。不过，当他们告诉我昨天发生的一切之后，我觉得月亮、星星和所有的星球都落到我的头上。”

事实上，在杜鲁门刚刚接手白宫时，人们更多的是猜疑和不信任，但杜鲁门对此却不以为然。他知道自己做的是正确的事情，所以毫不在意别人怎么看。用他自己的话说，只有这样才能够骑在老虎身上而不至于跌下来被老虎吃掉。

也正是源于这种果断，在罗斯福突然离去，人们担心旧金山会议[3]能否如期召开时，杜鲁门痛快地说“能”。

也正是相信自己是在做正确的事情，在人们争执不休时，杜鲁门却一步步地将马歇尔计划[4]推向实现。

也正是为了战后社会的稳定，冒着可能无法连任的风险，杜鲁门坚定地制止了铁路和煤矿罢工，并且尽可能地为煤矿工人争取到相应的权益。

也正是基于“大国的责任是为全球提供服务，而不是主宰这个世界”的理念，杜鲁门将罗斯福的联合国设想最终变成了现实。

也正是出于对前任的真心尊重，杜鲁门推行“公平施政”，增加了最低工资，扩大了社会保险金，签署了《住宅法》[5]。

也同样是出于对新政的维护，尽管国会中的一些头面人物强压他撤换田纳西河流域管理局的局长大卫·李连瑟尔，但杜鲁门却坚定地留下了这个为拥护新政不遗余力的关键人物。

事实证明，杜鲁门这种将事情简化处理的风格，在后罗斯福时代发挥了重要功效。

杜鲁门本人对自己积极的决策思维也非常看重，并始终把总统的经历视为一系列不连续的决策事件，有意思的是，杜鲁门为《回忆录》的第一卷就题名为《决策年代》。1958 年，归隐后的杜鲁门曾经这样谈及他的决策心得：“在我一生中每当需要决策时，我便做出决策，然后忘掉，去干其他事情，任总统时我也是这样的……假如你在一项决策中犯了错误，你可以用另一项决策去纠正它，然后再前进。”

你做事，我负责

能够安然度过困难阶段，杜鲁门对属下的信任起到了很大作用，这不仅帮助他有效地树立了权威，也使得周围人肯卖力帮他。在白宫服务了40多年的威廉·霍普金斯说："杜鲁门很信任别人，因此，他的手下都会绝对效忠他，以此为回报。"而他的幕僚查尔斯·墨菲则深有感触地说："在很多方面，杜鲁门总统确实十分强悍，但对属下，他却极端温和……属下为了回报他，只有全心全意、不计代价地认真工作。"

即便是在杜鲁门卸任后，人们也从未见到任何一名白宫幕僚在背后说过杜鲁门的坏话，也不曾有人发表文章指责过他，更没有人以出版"揭露白宫内幕"之类的书籍来报复昔日的上司。人们对他的尊敬和忠诚是发自肺腑的。

杜鲁门对他人的信任也体现在他的搭档上。在白宫的岁月中，每天晚上，杜鲁门都会抱着一大摞材料和文件回家，然后明快地做出处理，不仅写上自己的意见，也明确地指明由谁负责。这样，第二天开会的时候，效率就会非常高，当事人会目标明确地接受任务，全权处理。一旦出现问题和麻烦，杜鲁门总是会把责任承担下来，而不会去找替罪羊。所以，给他做事的人普遍都感到很畅快，也很有成就感。

让许多管理学大师都颇为感兴趣的是，杜鲁门堪称不折不扣的"有效的管理者"，即总是会为事情的结果负起个人的责任，不轻易把麻烦传给别人。在杜鲁门的办公室门口，就挂着这样一条醒目的标语：buckets stop here！意思是"问题到此为止"，不再传给别人。这成为后世许多领导者的座右铭。

从管理学的角度出发，世界上有两种人，一种人在努力地辩解，一种人在不停地表现。而一个好的领导一般都会尽力表现，少去辩解，敢于负起责任。杜鲁门显然是后者。

事实上，杜鲁门之所以为后人所敬重，他的历史地位经由时间之河的冲刷而不断提升，一个很重要的原因就是，他是一个典型的“有效的管理者”，一个敢于并能够负责任的政治家。

更重要的是，杜鲁门为那些在接任前没有很高声望的领导者树立了成功的典范，那就是，如果你没有光环，就一定要贴近大地，要和民众亲近，要用真心换得周围人的拥戴，要拿出勇气和胆识，在关键的问题上负起责任来。

智慧分享

要想拿得起，放得下，就要及时为负面情绪“止损”，也就是说，为自己的决定坦然买单。

到此为止，是保护心情，也是保护“下一次漂流”的简单而有效的办法。

[1] 除内阁会议外，作为副总统的杜鲁门见罗斯福的次数不超过两次。

[2] 事实证明，杜威正是输在了农村和工厂里。

[3] 1945 年 2 月召开的雅尔塔会议决定，将于美国旧金山召开联合国会议，以便制定联合国组织的宪章。1945 年 6 月 26 日，来自 50 个国家的代表在美国旧金山签署了《联合国宪章》，同年 10 月 24 日宪章生效，联合国正式成立。

[4] 马歇尔计划（The Marshall Plan），官方名称为欧洲复兴计划（European Recovery Program），是二战后美国对被战争破坏的西欧各国进行经济援助、协助重建的计划，此计划的提出同时也是为了抗衡苏联和共产主义势力在欧洲的进一步渗透和扩张。该计划因时任美国国务卿乔治·马歇尔而得名。

[5] 1948 年杜鲁门当选总统后，向国会提出了大规模的一揽子住宅方案，标志着联邦政府干预住宅的起步。1949 年夏季通过的《住宅法》，正式确定使所有家庭得到质量优良的住宅和舒适的生活环境是国家的目标，由联邦提供资金清除贫民窟和城市更新。

U.S. Leader's Wisdom

F. Roosevelt

富兰克林·罗斯福：坐着轮椅进白宫

任期：1933～1945 年

无畏的水瓶

演讲天赋

罗斯福开创的“炉边对话”，在大危机时代和二战的艰苦岁月里给了美国人民和世界人民坚强的信心；同样是水瓶座的里根以70高龄竞选成功，很大程度上是得益于他那高超的演讲技巧和迷人的风度。

超前思维

喜欢一切创新的、与众不同的、甚至是古怪离奇的思想。应该承认，罗斯福新政中包含着许多创新成分，而他对这场危机治理的准备也明显超前。值得一提的是，水瓶座是出发明家和思想家较多的星座。

看问题客观

不以自我为中心，不自私，不主观臆断。这也使得罗斯福智囊队伍特别庞大，而他也十分善于采纳他人建议。

有魄力

不在乎“得与失”，不权衡个人利益，无所畏惧。罗斯福在新政和二战时期的许多做法，都是需要胆识的。这也是后人非常崇敬他的地方。

同一星座的名人：
老舍，伽利略，乔丹

关键词：

连任

第4次连任时，一位记者问罗斯福有何感想。罗斯福笑而不答，请他吃一片三明治。记者感到十分荣幸，很快就吃光了。不料，罗斯福请他再吃一片，然后又请他吃了第3片。记者已经饱了，但碍于总统盛情邀请，只好硬着头皮吃下去。这时，罗斯福微笑着说："现在，我不用回答你的问题，你已经亲身体会到了。"

变压器

所谓天才就是极其善于利用各种人才、各种事物的人，通过他，别人的聪明才智就能够得到发挥。罗斯福的天才就在于此。

成大事

罗斯福再三告诫美国人："要成大事，就得既有理想，又讲实际，不能走极端。"这种话，理论家们是听不进去的，还嘲笑说，罗斯福是"想用一颗药丸来解救一场地震"。而最终，这些人不得不承认，罗斯福是对的。

快乐斗士

罗斯福的经历堪称坎坷，但他始终以永不知疲倦的旺盛精力应对一切考验，事实证明，他身上那种狂热的乐观和尝试一切办法来终结经济大萧条的决心，是弥足珍贵的。

差一点

在胡佛任期的最后日子里，旧秩序踉跄于灾难的边缘。美国学者对此感慨地说："从各种事实来看，假如罗斯福果真是又一个胡佛，美国势必步拉美7国的后尘，政府将为大萧条的灾民所推翻。"就差那么一点……

电波里的兴奋剂

在美国陷入困境的那段日子里，“炉边谈话”[1]堪称罗斯福的一大“秘密武器”。

在就职后的第二个星期天，精心准备的“炉边谈话”便与全国民众见面了。罗斯福的定位非常清楚：“我一定要让普通工人也能听得懂我的演讲。”

罗斯福确实有着做好“炉边谈话”的天赋，他的音质优美，语调放松，更重要的是，他与民众的贴近是发自内心的，而不是做作地表演出来的。

罗斯福第一次炉边谈话就取得了意想不到的成功。在谈话中，罗斯福简洁明了地对民众说：“我敢向大家保证，把钱存在重新开业的银行里，比放在褥子底下要安全。”他还巧妙地告诉人们只要把钱存入有偿付能力的银行，就是一种爱国之举。

6000 万人在凝神倾听着罗斯福的讲话，就好像与总统面对面聊着家常。

人们显然是被罗斯福的诚恳和亲切打动了，也相信了他的说法。

第二天（3 月 13 日）是个星期一，无数的美国人排起了长龙，急切地要把钱重新存回银行。关闭了一周多的纽约证券交易所也重新开市了，当天高开了 15%，创造了半个多世纪以来的单日最大涨幅。

“炉边谈话”后的一个星期内，大多数最近关闭的银行都重新开业了。事实证明，无线电波带去的，不仅是亲和力，还是一种经济上的兴奋剂。

让后世的许多领导人都深为羡慕的是，罗斯福是少有的、人民认为可以与之互诉衷肠的总统。在那个困难的年代，民众非常渴望彼此之间以及同他们的领袖之间，能够建立起一种情感上的联系。

富兰克林·罗斯福恰恰满足了他们的这个愿望，并且亲切地称他们是“我的朋友们”。据统计，在12年总统任期内，罗斯福通过电波与人民交流时，超过300次以“我的朋友们”的亲切称呼对他们表示欢迎。

也许是在多年后，人们才慢慢发现，看上去是罗斯福总统在与人民进行着交谈，在鼓舞着士气，其实，更多的时候，罗斯福是在用这一系列特殊的方式倾听着民众的心声。

令罗斯福夫人埃莉诺感到欣慰的是，罗斯福去世后，人们常在街上拦住她说，他们怀念总统惯常向他们谈话的方式。他们会说：“他惯常对我谈起我的政府的情况。”这种亲切的感觉，对普通民众来说，并不容易碰到。

电话放在那里，但总要有一方先拿起电话机

在美国和苏联最真诚友好的日子里，人们盛传富兰克林·罗斯福与约瑟夫·斯大林之间的一次电话交谈。

富兰克林·罗斯福接通了明斯克市总机，他说："是明斯克总机接线员吗?"

"是的!"

"请接平斯克市总机。"

电话从明斯克市转到平斯克，又从平斯克转到斯大林格勒，最后接通了莫斯科大会堂，找到了斯大林。

然后富兰克林·罗斯福拿起话筒说："喂，是约瑟夫吗?我是富兰克林，'巨人队'三分，'躲闪队'零分。"

电话放在那里，但总要有一个人先拿起电话机。这正是罗斯福的理论。

对苏联的承认可以看出罗斯福的眼界。尽管他在新政时期将工作重心放在了国内事务尤其是新政上，但他始终认为，美国需要在更广阔的国际舞台上发挥作用。

"罗斯福不像胡佛那样固守僵硬的意识形态阵地，而是一位灵活务实的现实主义者"。事实证明，这种灵活与务实精神，在二战中起到了关键性作用。

其实，在人际关系中，也存在一个主动接触的问题。一般地，在人际关系陷入僵局时，总要有一方率先采取行动，表示诚意，以便打开局面。而且，这种主动接触越出乎对方意料，越容易打动人。

值得一提的是第一夫人。由于罗斯福不方便外出，埃莉诺便充当起白宫和乡间电话线的角色：她在安排访问的村庄的泥泞田野中跋涉，她打着毛线衣劝说国会清除哥伦比亚特区污秽的弄堂住宅，她为改革派和“有色人种协会”获得在白宫发表意见的机会，她参观了黑人的学校和郊游活动……不知疲倦的埃莉诺使自己成为政府良心的见证，并且主动而及时地为罗斯福打开了一扇门户，使罗斯福得以较全面地关注到社会底层人们的生活境况和政治要求。颇为微妙的是，埃莉诺的这种做法，也帮助罗斯福“策反”了许多反对者，使他们相信，总统夫妇是真心诚意为民众做事，而罗斯福的新政，尽管并不完美，但却是这个国家“黑夜里的明灯”。

同样令人叫绝的，是罗斯福对政敌和潜在政敌的从容调度。罗斯福有一个原则，就是为了避免别人产生反感，要主动就对方所关心的问题进行商量。在任纽约州州长时，每当政府中有空缺时，他总是要征求各政党领袖的意见，请他们提出候补者，再从中选人，这样既怀柔敌人，又便于推行主张，甚至于，他还能够把政敌调度得服服帖帖。

也正是从那时起，罗斯福就形成了一种把所有人包括对手都视为“我的朋友”的习惯。他深知自己的同盟者是在不断变化的，在不同的政策上会有不同的盟友。这种习惯，也影响到他在外交上的做法，而联合国就是他与其他有相似观点的人留给世界的一份“礼物”。

穷人把你推向巅峰

罗斯福有句名言：我从未忘记我住在所有美国人共同拥有的房子里。在他看来，吸引他人最简单、最有效的方法是谈论与之相关的问题，这其中，谈论关乎穷人命运的问题最为重要。

还在上学时，罗斯福就本能地倾向于那些出身普通阶层的人，反感学校里的纨绔子弟，尽管他本人出身于富有阶层。这种倾向一直持续到他日后的执政时期，他的很多政策被一些人视为保护穷人，剥削富人。

壮年时得小儿麻痹症，也在客观上帮助罗斯福进一步走近穷人。在后世的史学家看来，这场突如其来的变故，以及在病榻上蹉跎多年，不仅无害于他的成长，反而给他积累了重要的政治财富。

由于长时间赋闲在家，罗斯福得以与普通人有了更多的接触，对他们的疾苦了有了更深入的认识。这不仅使富兰克林待人接物变得更加有人情味与亲和力，而且使他日后的许多主张都更接近人心，切中要害。

罗斯福夫人也起到了关键作用，她几乎每天都要为罗斯福提供各类读物，还安排他和各阶层的人见面。以往很难安静下来的罗斯福，“有幸”在这段时间里详细地研究了美国社会的现状。逐渐地，罗斯福意识到，美国社会的一大问题就是很多人被忽视了，很多人的利益没有得到代表，而这对于美国成为世界强国是有害的。

也正是从那时起，罗斯福开始更多地倾听来自民众的心声，视他们的疾苦如自己的伤痛。当选为纽约州州长后，罗斯福也确实在保护弱势群体利益和增进社会和谐方面很有作为，并很快将这种意识带进了白宫，并“传染”给周围的人。也许正是这种与民众心灵互动的作用力，才能够在短短的时间里恢复这个国家的信心和平静，创造了一个执政的奇迹。

许多听过罗斯福演讲的人都会感慨，“他有惊人的能力，能把一堆枯燥的事实变为一篇激动人心的政治演讲”，殊不知，如果不是深刻地洞悉人性，走近人心，他又如何能够真正地用朴实的语言和亲切的目光触摸到人心中最柔软的部分？

看看被历史和民众所铭记的人吧，有谁是高高在上的人？即便是一个企业乃至地方的领导，在他离开或退休后，仍然能为人们所敬重的，有几个不是关注普通人生活的？

就民意的坡，下政策的驴

与许多改革家不同的是，罗斯福不会勉强去做事，他一定要在时势需要以及民心所向时采取行动，这样才能做到顺势操盘，取得最大的成效。这一点，在罗斯福取消禁酒令的问题上就可见一斑。

应该说，罗斯福确实有其过人的精明和对人性的了解。在美国经济处在超级低落的状态下，罗斯福意识到，在这种民众内心郁闷的当口，以往的禁酒令[2]已经是不合时宜了。这时候，人们需要的是抒发胸襟，是重新燃起对生活的热爱与希望。

也正是在发表“炉边谈话”之前，罗斯福连续向国会提交两份咨文，要求修改1919年的禁酒法以使轻度啤酒合法化。参众两院也顺应民意，在一周之内就通过了节约法案和深得民心的啤酒法案。就这样，时隔13年，啤酒第一次在美国被允许合法地出售了。

对未来的日子不再怀有恐惧的美国人载歌载舞，开怀畅饮，发泄着压抑了多年的郁闷之气，当然也少不了感念罗斯福的苦心。人们不再像是行将被淹死的人，在期盼着救命稻草，他们如今已经抓住了希望。

事实上，无论是政治上还是经济上，乃至生活中的许多决策，都应遵循这一原则。

送面包，也送烤箱

对于许多领导人来说，“给面包”是常用的手法，但遗憾的是，他们往往缺乏罗斯福的慰问“加餐”。这种慰问，既包括精神的尊重，也包括生活中的充实，而这一切，都是困难中的人们所期待和瞩望的。

以经济振兴为例。尽管政府投入了很多钱进行救济，但洞悉人性的罗斯福却认为，要给工作者以尊严，也要让他们养成工作的习惯，当失业者得以通过工作养家糊口时，他们的人格会比等待救济的人要高尚得多。

给大家找事做，反映出罗斯福执政的机智与灵活。

罗斯福最为得意的举措，就是庞大的平民造林大军[3]的组建，不仅自然资源在客观上得到了保护，而且还使那些游荡在城里、无所事事而又内心焦虑的人有了事情做，并且是非常有意义的事情。先后总共有 250 万青年参加过这个队，并完成了罗斯福设想的防护林带，南起得克萨斯州，北至加拿大，遍种树木 2 亿株。

那些昔日的建设者们，在多年后到森林和风景名胜地游览时，走在那些山径和小道上备感熟悉和亲切，因为那是他们年轻时代铺设的“青春之路”。而他们的子孙游玩的公园里的游乐设施，有许多也是他们的劳动成果。

资本家看到的是钱，但罗斯福要看到人心深处。这是罗斯福尤其值得后世领导者学习的地方。

智慧分享

能躺在床上那么多年而不崩溃并且还那么积极，固然令人佩服，但更令人钦佩的是，罗斯福在床上为将来成就伟业打下了思想和人脉上的基础，这就不是一般人能够做到的了。

怎样的态度，造就怎样的人生。

[1]“炉边谈话”是罗斯福当选总统后一种联系群众的广播方式。1933 年 3 月 12 日，即罗斯福就职总统后的第 8 天，他在总统府楼下外宾接待室的壁炉前接受美国广播公司、哥伦比亚广播公司和共同广播公司的录音采访，工作人员在壁炉旁装置扩音器。总统说，希望这次讲话亲切些，免去官场那一套排场，就像坐在自己的家里，双方随意交谈。哥伦比亚广播公司华盛顿办事处经理哈里·布彻说，既然如此，那就叫“炉边谈话”吧，于是就此定名。罗斯福在其 12 年总统任期内，共做了 30 次炉边谈话，每当美国面临重大事件之时，总统都用这种方式与美国人民沟通。

[2] 1919 年，美国国会通过宪法第八修正案，也就是《全国禁酒令》，规定自次年起，一切生产、销售、饮用酒类的行为非法。这几乎成为了美国历史上最大的笑话。

[3] 1933 年 3 月 21 日，罗斯福向国会提交了创立民间资源保护队的议案，该法案计划征召 25 万青年去植树造林、修防洪堤。8 年间，共有 250 万青年参加了民间资源保护队。

U.S. Leader's Wisdom

H. Hoover

胡佛：

倒霉自有倒霉的道理

任期：1929 ~1933 年

傲慢的狮子

傲慢自负

非常主观，以为自己想象的就是事实。这一点，在对大萧条的判断上表现得可谓淋漓尽致。

过高估计自己。同时也容易过低估计困难，这使得他在面临巨大挑战时常常手足无措。

脾气暴躁。不能够忍耐失败和挫折，失控之下会产生绝望情绪，而他在执政后期也基本是无所作为的状态。

才华出众

客观地说，胡佛是一个很有才气的人，通过自己的努力，硬生生地从穷小子变成了富翁。可惜的是，他没有带领美国人民走向富足。

同一星座的名人：

项羽，墨索里尼，麦当娜

关键词：

富翁

尽管作为总统，胡佛在大萧条时期的表现饱受责难，也成了罗斯福伟大业绩的最佳布景，但在经商方面，胡佛却比罗斯福成功许多。胡佛在大学时读的是地质学，毕业后做了 18 年采矿工程师，通过在中国投资煤矿，在缅甸投资银矿，在澳大利亚投资锌矿，胡佛成了最早的能源投资家，40 岁时便已拥有 400 万美元的资产。

母牛

面对经济大萧条的严峻形势，胡佛采取了很多措施，可是仍然怨声载道。有一天，柯立芝来到白宫看望胡佛。胡佛跟他诉苦说，他做了很多努力却没有见成效，批评他的人也越来越多。柯立芝安慰他说："你总不能今天叫公牛与母牛交配，明天就看见小牛遍地跑吧？""你说的没错，"胡佛沮丧地说，"可我总还是希望看到有足够多的母牛呀。"

预言家

在美国经济江河日下的过程中，胡佛做出过许多次预测，比如"最坏的时刻毫无疑问已经过去"，"我们已经看到市场的底部并开始上升"，"危机在 60 天内将会过去"，"两三个月内将会恢复正常状态"，等等。感觉就像中国股市 6124 点前往 1664 点做客期间一些著名股评家所发的宏论一样。

脆弱就是狂喜后的嚎啕大哭

胡佛算得上是美国历史上最倒霉的总统了，他于1929年3月4日入主白宫，时隔不久就遭遇了历史上空前严重的经济危机。更可怕的是，这场危机一直伴随胡佛的4年任期，愈到后期，情况愈恶化。随着美国经济江河日下，他本人也成为20世纪政绩最差的美国总统。

除去运气成分，胡佛自身的弱点，也加剧了自己以及国家的危机，即便是在80年后的今天，仍然被人们视为前车之鉴。

其实，胡佛一开始对形势是非常乐观的。即便是在危机到来之际，胡佛还是坚信，“我们对贫困战争正在取得决定性胜利的前夜，贫民窟即将从美国消失”。受到他的感染，《纽约时报》甚至在头条中表示，“股票价格还很低”。可是，没过几天股市泡沫就开始破裂，股指就一去不回头了。

胡佛的盲目乐观以及与此相关的自由放任政策，开始恶果毕现。尽管一些有识之士多次提议政府要对可能发生的危机主动干预，但胡佛和他的智囊们却对潜在危机置若罔闻。

很快地，由于消费者的购买力不足，美国经济运行中商品增加和资本输出困难，进一步引发了生产过剩和资本过剩。与此同时，那些在投机行为中获得了高额利润的金融巨头，却并没有将大量资金投入再生产过程，而是投向了能获得更高回报的证券投资领域，结果是泡沫越来越大，最终吹破了事。

在危机愈演愈烈之际，人们盼望着政府能采取果断措施，帮助大家，尤其是弱势群体，但信奉自由放任主义的胡佛却还是没有转过弯来，结果导致民众对未来彻底绝望，社会动荡加剧，暴力事件层出不穷，反政府力量在不断聚集。

人们将怒气撒向了胡佛。

城市中的无家可归者用木板、旧铁皮、油布甚至牛皮纸搭起了简陋的栖身之所，这种小屋聚集的村落被称为“胡佛村”，流浪汉的要饭袋被叫做“胡佛袋”，由于无力购买燃油而改由畜力拉动的汽车被称作“胡佛车”，露宿街头长椅上的流浪汉身上盖的报纸被称为“胡佛毯”。纽约大街上更是流行着这样一首儿歌：“梅隆拉响汽笛，胡佛敲起钟。华尔街发出信号，美国往地狱里冲!”

渐渐地，胡佛自己也对形势开始绝望，这种情绪直接影响到国民重整旗鼓的信心，从而加剧了危机。幸亏，一个充满乐观精神和干劲的强势人物出现在大选中，并轻松赢得了选举，用新政照亮了黑暗的美国和无望的人心，他就是富兰克林·罗斯福。

挤泡沫与扎气球

股市和楼市的泡沫，是导致美国经济崩溃的罪魁祸首。1923～1929 年，美国的贷款业务增长了 37%，有价证券的发行增加了 1.5 倍，股票价格上涨了 2 倍，在此期间，工业生产却只增长了 18%。不仅如此，房地产也火爆异常，投机心理弥漫美国，20 世纪最大的骗子庞氏[1]就是在这场房地产投机盛宴中横空出世的，其杀伤力相当惊人。

甚至就在大股灾即将爆发的前一星期，仍有华尔街金融家发表题为《人人都应该有钱》的文章，忽悠读者：只要你每周向股市投入 15 美元，相当于一年投资 780 美元，10 年后你的股票就会增值为 8 万美元，而当时美国工人的平均年工资只有 1300 美元。

在这个泡沫吹大的过程中，无论是柯立芝政府，还是胡佛政府，都没有进行主动干预，眼睁睁看着泡沫破裂，美国经济也随之陷入绝境。如同 2008 年的金融危机一样，美国的信用过度膨胀是造成严重货币信用危机乃至金融危机的导火线。

同样值得借鉴的是，胡佛政府在金融政策上的矫枉过正。

由于和美国股市、楼市一样心虚，一旦发现形势不妙，胡佛政府便采取了严厉的紧缩政策。1929 年 8 月 9 日，美联储根据宏观经济过热情况，将利息提高到 6%，将证券交易商的利率由 5% 提高到 20%，使当时投机商们顷刻间陷入了资金短缺状态，只好逃出股市。由于此举也引领其他投资机构跟随，股市流动性顿时陷入紧缺状态，失去了支撑。

随着市场信心的不断走低，股民对股市升值预期也发生

180 度转变，出现了股市抛售风潮，加剧了危机的深化。多年之后，当人们总结 1929 年经济危机的教训时，都会将胡佛的货币信用紧缩政策视为导致货币信用危机的直接诱因。

从根本上说，这反映了胡佛在领导能力上的不足。一个好的领导，是不能惊慌失措的，要对困难有清醒的认识，也要有所预案。这一点，小罗斯福就是一个榜样，他在病榻上，就已经开始思考美国的问题，并在思想和人力资源上做好了应对危机的准备，只有这样的人，才会在危机面前泰然自若，不会矫枉过正，做雪上加霜的蠢事。

富翁不饿，不等于别人不饿

胡佛的失败，还有着深刻的个性根源。在 1932 年大选期间，美国媒体曾经特别探讨过“胡佛与傲慢”的问题，回顾他用铁链封锁白宫以隔绝上访的退伍军人，并且用武装力量对付这些人的“故事”。这件事让民众无法容忍。难怪人们会笑着说，胡佛是绝对想不出，也很难做得好“炉边谈话”的。

最令胡佛总统生涯蒙羞的，是 1932 年 7 月 28 日他发出的镇压全国各地要求补偿金的退伍军人的命令[2]。这项极不光彩的指令使胡佛一夜之间成为最不受欢迎的总统，并被美国人视为耻辱——此事既表现出胡佛政府在处理危机上的无能，更折射出他的高高在上。

让美国人不能接受的是，当美国经济低迷到极点、民不聊生之际，胡佛总统却对记者们说：“并没有谁真正挨饿。拿那些流浪汉来说，他们吃的比过去什么时候都好。纽约有一个流浪汉，一天吃了十顿饭。”

这引起了媒体和民众的愤怒，1932 年 9 月号的《财富》杂志干脆大骂总统撒谎，纠正说：“应该说有 2500 万人衣食不周，这才是美国经济状况比较准确的描写。”

有着很多富人朋友、内阁中也充斥着富翁的胡佛，当然不会注意到，富人脑满肠肥，大众却饥肠辘辘。1932 年，美国 65% 的工业掌握在 600 家公司的手里；仅占全国人口 1% 的人拥有全国财富的 59%。一边是富人继续挥霍，一边是无数穷人饿死街头……

就这样，严重脱离实际、脱离群众的胡佛，在大选到来之际已众叛亲离。当时，美国流传的一个笑话，说的是胡佛向他的阁僚梅隆借 5 美分，打算“给一个朋友打个电话”。梅隆扔给胡佛 10 美分，告诉他，“给你所有的朋友都打一遍吧”。

在这种情况下，1932 年的大选已经没有悬念，乐观、亲民，对危机有着充分准备的罗斯福，不可避免地成了美国历史上最受欢迎的总统，与胡佛可谓天壤之别。

谁更有傲慢与偏见，谁就更容易与失败接吻。这是胡佛留给当代领导人的血的教训。

手握刀锋，谁流血？

胡佛的又一大蠢行，是在危机关头高举贸易保护主义大棒，结果第一下就砸到了自己脚面上。

尽管胡佛已故去近半个世纪，但只要出现金融危机或者贸易保护主义苗头，他的名字就会被屡屡提及，当然，伴随着的是人们对金融危机的恐惧，以及对贸易保护主义阴影的担心，就像美国主流媒体所提问的："谁愿意回到胡佛时代的贸易政策？"

在谈到 1929 年的经济危机时，很多人都会对胡佛的贸易保护主义做法耿耿于怀，因为这种做法对危机起到推波助澜的作用。1929 年，胡佛上台后，美国股市暴跌，国际贸易摩擦不断，在这样的背景下，美国国会竟然通过了《1930 年关税法案》[3]，法案建议对进口商品实行前所未有的高关税。

当时，有 1028 名经济学家上书反对，但固执的胡佛还是签署了法案。但遗憾的是，胡佛们所期待的保护本国企业的效果并没有达成，反而引发了美国贸易伙伴的疯狂报复。

为了保护本国通货，欧洲各国先后实行进口管制，全世界都开始了对美国贸易保护主义做法的报复行动。这样一来，原先指望通过扩大贸易来恢复全球经济的幻想在各国严格的外贸管制下破灭了，不仅美国经济正式进入寒冬，世界经济状况也进一步恶化。

数字最能说明问题。该法案一经通过，股市就开始下跌，一直跌到 1932 年，全球贸易更是遭受重创，贸易额由 1929 年的 360 亿美元下降到 1932 年的 120 亿美元。无怪乎后世的经济学家对《斯穆特-霍利关税法案》的评价是：该法案是美国国会对大萧条的“最大贡献”，是典型的经济愚昧。

直到今天，该法案仍被认为是胡佛担任总统期间犯下的“最大错误”，它不仅摧毁了本应该在冬日里互相取暖的国际阵营，催化了美国以及世界历史上最有名的经济大萧条，也留下了病根——只要美国经济出现问题，就会有人自觉不自觉地祭起贸易保护主义的大旗，但他们唯独忘记的，是贸易保护主义救不了经济危机这一最深刻的教训，以及胡佛为此付出的政治代价。

贸易壁垒，最终堵住的，是自己的出路。

鲜为人知的是，胡佛年轻时候曾来中国（清朝）打工。后来的他，也许忘了，遥远的中国，在他年轻时，并没有对他说不。事实证明了，一个人，一个国家，只有敞开自己，阳光才会进来，希望才会愿意亲近你……

智慧分享

胡佛不是一个称职的总统，因为他太高高在上了。但他却是一个很好的投资者，因为他能够在自己最擅长的领域中抓住投资机会。如果他一直做下去的话，他很可能会成为一个伟大的投资家。

只有错误的选择，没有错误的人。

［1］庞氏骗局是一种最古老和最常见的投资诈骗手段，是金字塔骗局的变体，很多非法的传销集团就是用这一招聚敛钱财的。这种骗术是一个名叫查尔斯·庞齐（Charles Ponzi）的投机商人“发明”的。1919年，庞齐开始策划一个阴谋，骗人向一个事实上子虚乌有的企业投资，许诺投资者将在3月内得到40%的利润回报，然后，狡猾的庞齐把新投资者的钱作为快速赢利付给最初投资的人，以诱使更多的人上当。由于前期投资的人回报丰厚，庞齐成功地在7月内吸引了3名投资者。

［2］胡佛发出命令后，第3骑兵团在六辆坦克掩护下向宾夕法尼亚大道附近的示威退伍军人冲锋，随后跟进的是由第12步兵团、第13工兵团、第34步兵团组成的步枪分队。至当日夜，在造成包括一名三个月大婴儿在内的600多人伤亡后，联邦军队基本驱散了所有示威退伍军人，退伍军人在华盛顿特区的营地被泼上汽油焚烧，火焰高达50英尺，照得夜空通红。大量退伍军人被驱赶出华盛顿，由军警押往全国各地，继续过着流离失所的日子。但胡佛却并不以为错，反而称这些退伍军人是“刑事犯”。这就是美国历史上著名的“补偿金远征军事件”。

［3］1929年大萧条发生之后，1930年，美国国会通过了《1930年关税法案》，即《斯穆特－霍利关税法案》，进口商品的平均税率从40%升至48%。随后，世界各国竞相报复，两年内，全球贸易量萎缩了2/3。

U.S. Leader's Wisdom

C. Coolidge

柯立芝：睡出来的繁荣

任期：1923～1929 年

诙谐的巨蟹

情感细腻

是出影星的星座，想想梁朝伟的眼睛，罗大佑的歌，还有周星驰的笑，就知道为什么柯立芝是美国历史上最具喜剧色彩和戏剧性的人物。

性格温和

看起来就不像是强权、霸道、支配型的老板，实质上是比较能放得开的领导人。

本真超脱

超群的直觉和敏感是巨蟹座的主要性格特征，这一星座的人多半喜欢生活在旖旎的幻想中，颇有些放幻梦于海浪、寄情思于蓝天的意境。也许，这正是柯立芝喜欢睡觉的一个心理原因吧。

同一星座的名人：
徐悲鸿，亨利八世，戴安娜王妃

关键词：

体育运动

有人问柯立芝："你在大学时参加哪项体育运动?"

"领奖。"柯立芝说。

再来一次

财政部官员给总统送来了第一张总统薪金支票，他的动作就像是进行某种仪式一样。

"再来一次。"柯立芝很过瘾地对他说。

一直站着

一天，柯立芝正埋头办公，忽然一位崇拜柯立芝的夫人闯了进来，对他前一天的演讲表示祝贺并说："那天大厅里人山人海，我根本无法找到一个座位，一直站着听完了您的全部演讲。"

这位夫人用了带委屈的口气说了这话，显然想以此换得几句安慰话。不料，柯立芝冷漠地说："并不是你一个受累，那天我也一直站着。"

打赌

曾有一个白宫晚餐女客人与朋友打赌，说她能使总统在这一顿饭时间至少说三个字。当她告诉柯立芝这一个赌注时，他简单地回复了两个字"你输"（You lose）。

宁要聪明的懒人，不要愚蠢的勤快人

卡尔文·柯立芝以少言寡语出名，常被人们称作“沉默的卡尔”，被人戏称“看上去像从盐水里捞出来的”。对此，柯立芝自我解嘲地说：“我认为美国人民希望有一头严肃的驴做总统，我只是顺应了民心而已。”但正是这位很少说话、极爱睡觉的总统，赶上了美国历史上迅速发展的一段时间，这段日子被称作“柯立芝繁荣”。

“柯立芝繁荣”是让辛勤工作的胡佛眼馋极了的事儿。要知道，接替柯立芝的胡佛，在经济危机的阴影下，没有睡过几个安稳觉，但柯立芝却在睡梦中享受一段少有的繁荣之旅。

惜字如金的柯立芝嗜睡也是出了名的：每天睡觉时间最少11个小时，早上要睡到八九点，中午还得睡午觉，午觉经常是一气儿能睡到下午5点，然后还可能会去看个电影。堪称美国历史上最悠闲的总统。

有一次，因为实在有急事，白宫的一个工作人员不得不把柯立芝从午睡中叫醒，结果柯立芝很不高兴，认为这是小题大做，揶揄道：“美国是不是还在啊？”

柯立芝的表现，固然与他的个性有关，但也与美国当时的繁荣发展有很大关系。经历第一次世界大战，发了战争财的美国，进入了相对稳定的时期，国民经济获得了长足发展，是一段难得的繁荣时期。到1929年，美国在资本主义世界工业生产的比重已达48.5%，超过了当时英、法、德三国所占比重总和，以致柯立芝声称，美国人民已达到了“人类历史上罕见的幸福境界”。这也给了柯立芝睡觉的本钱。

从执政理念上看，柯立芝也不自觉地契合了这段繁荣时期。柯立芝的政治哲学是“少管闲事的政府是最好的政府”。他奉行“小政府主义”，认为联邦政府就要“无为而治”，事情管得越少越好。如果非管不可的话，只能通过数量尽量少而伸缩性尽量大的法案，提供最低限度的社会服务。他认为若把更多的权力和社会事业交给企业界，就可以国泰民安，天下太平了。

应该说，柯立芝的执政理念可谓是双刃剑，从坏的方面说，政府对社会保障等方面用力太少，而对疯狂投机见怪不怪，使繁荣本身带有一定虚假性，在客观上加深了资本主义社会的固有矛盾，孕育着新的危机。继任者胡佛，恰恰赶上了危机的爆发，却又固守着柯立芝的放任自流的做法，结果是危机愈演愈烈，自己也狼狈下台。

从好的方面说，柯立芝的宽松管理作风，在客观上为美国的科技进步创造了良好氛围。尽管有人会挑剔柯立芝的“懒惰”，但不容忽视的是，柯立芝确实是一个聪明人，而他最大的聪明在于，他能充分发挥他人的积极性，并且能够顺应形势的发展。

德国有一种人才分类的方法，即按照聪明、愚蠢、勤快和懒惰把军队里的人分成四类：聪明又勤快的，可以做参谋人员；聪明又懒惰的，可以当军官；愚蠢又懒惰的，可以当士兵；愚蠢又勤快的，赶紧滚蛋。

这看上去很有趣的说法，其实却说明了领导科学的内在道理：对领导者来说，安静的时间，也许是最重要的时间，如果总是忙碌于事务性的琐碎中，而忘记了对大方向的把握，不能从战略上考虑全局，进行总体部署，结果是劳而无功。

当然了，最糟糕的，就是平庸乃至愚蠢的领导者，还勤快得要命，那对于国家以及组织，将会是巨大的破坏。他做得越多，损失也就越大。知道了这点，以后咱就不要打哈哈地说“瞎忙”了，因为这很有可能会真的被人误以为是愚蠢又忙碌的人。

繁荣未到，科技先行

当然了，繁荣也并不真的是睡出来的，大力推动科技进步，才是繁荣的最大秘诀。耐人寻味的是，无论是柯立芝，还是后来的克林顿，都赶上了一段美国高速发展的阶段，成就他们的，都是科技进步。

在后世的史学家看来，一战后的技术革命是“柯立芝繁荣”最重要的原因。

战争结束后，美国靠在战火中积累下来的雄厚资金，加上一大批新技术的突破，呈现出一个更新生产设备、扩大生产规模以及采用新技术的热潮，并创新出一套管理体制——福特制，即采用装配线作业或流水线作业技术。这种技术先是在福特汽车公司采用，由于能大大提高生产效率，降低生产成本，所以在20年代初期，被应用于许多工业部门，起到了为经济发展推波助澜的作用。

与此同时，美国大企业都建立了自己的科研机构，据统计，1927年，仅其中208个公司用于科学研究的经费总数就达到1200万美元。事实证明，企业部门科研力量的加强，推动了新技术在工业生产中的应用，也促进了经济的迅速发展。

这一时期，收音机、电话和汽车开始普及，电视首次在纽约试验成功。航空事业也在突飞猛进，年轻的查理斯·林伯格的单引擎飞机完成了纽约和巴黎间的不着陆航行，创造了航空业的新高峰。

值得一提的是汽车业的发展。在福特制的刺激下，汽车工业迅速成长为美国最大的制造业和最大的工业部门，它的发展还推动了钢铁、石油、化工、公路建设等一系列产业的发展。

同样发展迅速的，还有电气工业和建筑业。这些产业的兴起中，都处处可见科技的力量。

柯立芝乃至此后克林顿时期的经济繁荣，给后人以很大的启示。那就是，有了科技的翅膀，人们完全可以轻松地飞得更高。如果有哪位领导想感受一下柯立芝“繁荣觉”的乐趣，就不妨在科技进步方面多下些功夫……

不拍腿表态，不拍脑袋犯愁

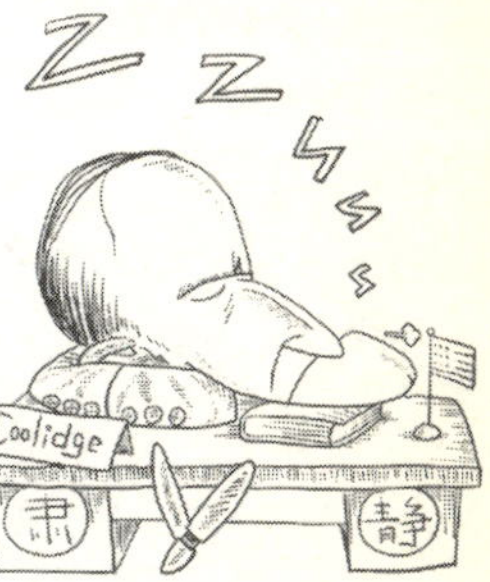

有着良好“业绩”的柯立芝，却并不热衷于四处讲话和做指示。在他看来，说不如做，如果下面的人已经做得很好了，那么自己所说的，就反而可能会成为行动和前进的障碍。

有意思的是，由于柯立芝总统的沉默寡言，许多人还以能和他多说话为荣耀。除了前面提到的白宫打赌外，还有一件趣闻，一位社交界的知名女士与总统挨肩而坐，她滔滔不绝地高谈阔论，但总统依然一言不发，她只得对总统说：“总统先生，您太沉默寡言了。今天，我一定得设法让您多说几句话，起码得超过两个字。”柯立芝总统咕哝着说：“徒劳。”

尽管这只是发生在柯立芝身上的趣事，但看得出，柯立芝有的，不只是幽默感，还有做领导很难能可贵的简约风格：在没必要的时候，较少表态。

但柯立芝也并不是凡事都往后退。柯立芝在担任马萨诸塞州州长期间，正值 1919 年波士顿市警察大罢工，由于市长无法控制局势，柯立芝亲自出面处理此事，一面召集该州民团维持秩序，一面命令警察复工，否则一律解职。由于他果断地阻止了这次罢工，一夜之间就全国闻名了，声望倍增。次年 6 月，柯立芝被共和党提名为该党副总统候选人，为哈定助选。哈定去世后，柯立芝便继任了总统，1924 年更是以突出的政绩轻松获得连任。

柯立芝的例子告诉人们，领导者，乃至普通人，都有必要保持好节奏感，收放自如，以便将能量发挥到正确的地方。过于随意的表态，有时就像挖坑，要么自己掉下去，要么就得再挖坑填它……

在高潮中落幕

按理说，以柯立芝任期内的经济繁荣，他完全可以争取连任，但出人意料的是，在总统任期快要结束时，他却发表了著名的声明："我不打算再干这个行当了。"

记者们觉得话里有话，老是缠住他不放，请他解释为什么不想再当总统了。实在没有办法，柯立芝把一位记者拉到一边对他说："因为总统没有提升的机会。"

柯立芝以一种幽默的方式，表达了对政治生涯的明智态度，那就是见好就收，留有余味。

事实上，他之所以拒绝党内提名，很重要的原因是，他已经看出美国接近又一次经济不景气的边缘。他深恐不能应付那种危机，所以决定激流勇退，给能干的人留出位置来。尽管事实证明接任的胡佛完全不能胜任，但从柯立芝的做法看，还是很值得称道的。

得到权力固然不容易，但放弃权力就更需要勇气了。

值得一提的是，柯立芝的做法，对后世的政治家起到了很好的榜样作用。人们注意到，许多美国高官，都并不十分贪恋权位，大多都能够从容面对权力的得失，可以今天当国务卿，明天回大学当教授，大家也都觉得很正常。这种政治文化，在一定程度上，还减少了腐败现象的发生……

智慧分享

柯立芝是懒人成功学最好的教材之一。尽管他的例子比较极端，但我们是否能从他身上发现一些成功的秘密：人确实需要一些安静的时间，去厘清思路，面对小事需要有一份宽容和随和之心，以便能将能量用在最重要的事情上。

身体上可以懒一点，但思想上一定要勤快一些。

U.S. Leader's Wisdom

W. Wilson

威尔逊：从校长到总统

任期：1913 ~1921 年

执著的摩羯

兢兢业业

在登上总统宝座之前，威尔逊经过了漫长的积累，刻苦学习、严格律己。为了实现理想而忧心忡忡，只有在工作中才能舒缓忧虑，是典型的工作狂和苦行僧。

有雄心又现实

以实践性、执行力以及远大抱负而著称。威尔逊的“十四点”，可谓是他的“标志性建筑”。

固执己见

太过专注于个人的目标，不擅随机应变，很难和同事沟通，这都使他的工作困难倍增。这一点，在他与国会的博弈中表现得尤为明显。

同一星座的名人：

圣女贞德，顾拜旦，马丁·路德·金

关键词：

教授总统

伍德罗·威尔逊是美国“学术地位最高的”一位总统，曾在一些大学任教，并任普林斯顿大学校长8年，写有不少著作。他的许多思想，至今仍为人们所津津乐道。

赢

在威尔逊看来，“政治是一条弯曲的路，有许多行在这条路上的人不过是个傀儡，对面有政党、财团在操纵他”。在他眼里，“有的立法议员是变相的妓女，都是为着利的诱惑在拉客；有的政治人物像是表演的戏子，不断改变他的政治论调；有的更厉害，像是个催眠大师，利用宣传媒体不断给选民催眠；目的只有一个，就是：要赢”！这是低俗的政治，不是威尔逊要的，他要的是干净的胜利，是真正的荣耀，而不是赢。

和平奖

第一次世界大战期间，威尔逊领导美国参战，他动员美国人力物力，为战争的胜利作了很大努力。战后，亲自出席巴黎和会，缔结凡尔赛对德和约，是成立国际联盟的倡导人，并获得了1919年诺贝尔和平奖。

情书

威尔逊给妻子（当时叫阿克森小姐）的情书至今被世人津津乐道：“在我认识你以前，我没有恋爱过，因为我只懂得为自己活。但是，从我认识你的那一刻起，我知道，我的一生已经不再为自己活；这是我恋爱的起点。”而阿克森果然成了他生死不渝的爱人。

成为好政治家是一份自杀任务

威尔逊为从政做了充分的准备。从年轻时代起，威尔逊就在为提升自己的行政管理能力做着准备，他还特别写了一本书《议会政治》，通过写作深入研究美国政治。在这本书出版后不久，他写信给好友说他渴望获得一个政治职业，以施展他的才干。

威尔逊是一个对自己的使命有着强烈信念的人。还是在普林斯顿大学执教期间，威尔逊就对教育改革充满了信心和渴望。1902 年，威尔逊当选普林斯顿大学校长，从此拉开了教育改革的序幕。在他的领导下，普林斯顿大学建立了大学导师制，请年轻或有活力的教师当学生的导师，鼓励学生的学习；还实施了科系的弹性化，针对学生的特殊需要，不同科系的老师可以互相调整。

为了增加师生之间的互动，威尔逊还成立了全校师生一起聚餐的俱乐部；他还定期接见教授，鼓励他们在教学与研究方面的努力，带动学校研究的风气，并请国际知名学者到校任教……这一系列改革，都使普林斯顿大学焕然一新，也成为充满人性化的地方。

不过，威尔逊的改革也并非一帆风顺。由于普林斯顿大学有许多富家子弟就读，他们和背后的家族为了自身的“习惯”和脆弱的“尊严”而抵触威尔逊的改革。但威尔逊却毫不退却，他始终相信，大学行政决策应该放在真正懂教育之人的手中，而不是有钱之人的手中，并顽强地推进着自己的改革。

在这方面，威尔逊倔强的性格起到了关键作用。多年后，威尔逊曾经很有感慨地写道：“当一个政治家接受一份工作，他是接受一种需要他去献身的生活。好的政治家，几乎是从事一种自杀性的任务。”在他看来，一个优秀的大学校长，就是一个政治家。而行政管理在某种程度上就是一场战争，只有那些执著的人才会笑到最后。

像林肯一样，威尔逊有一种宗教般的使命感，当他对某一个问题下定决心后，就会坚定不移，甚至有些固执。有一次，他与毕业班负责人发生了激烈的争吵，一位朋友为了息事宁人，很有礼貌地提醒他，“每一个问题都有两个方面”，结果威尔逊冷冷地说，“对，正确的和错误的”。在另一个场合，他对那些与他意见不一致的人表示遗憾，因为他知道，他们是错误的。

威尔逊的执著，给人们留下了深刻印象，也帮助他当选为新泽西州州长。他的改革精神也同样留在了普林斯顿校园，令他欣慰的是，他后面的几任校长，继续了他的改革思路。经过几代普林斯顿人的努力，半个多世纪之后，普林斯顿大学成了世界顶尖的学府。

权力的获得不是得胜，是奉献

威尔逊锐意变革的精神也是对进步主义运动的承继。尽管不属于同一个党派，但威尔逊进入白宫后的作为，还是颇令西奥多·罗斯福欣慰的。

早在老罗斯福上任伊始，威尔逊就曾有幸见到这位充满活力和改革雄心的年轻总统，并受到了极大的鼓舞。老罗斯福在白宫的时候，威尔逊任普林斯顿大学校长，但就是这样一个其他人做起来可能平平静静的工作，在威尔逊手中却成了改革的试验田。在老罗斯福总统卸任后不久，威尔逊开始在新泽西州州长的位置上为入主白宫进行演练，其间通过了反托拉斯等多项改革议案。

威尔逊推动反托拉斯，遭受抗议的声浪最大。政敌攻击他是“自以为义的”的人，并高举“富有不是罪”的大旗。但威尔逊毫不退缩，反击道：“控制社会上多数财富，却不关心社会福祉，谁说这不是罪？掌握大多数市场，垄断大多数资本，又要政府给他们更多保障，信用虚浮扩张，打击并吞弱小对手，谁说这不是罪？”

在威尔逊看来，对这样一些问题，政府如果不去管，就是腐败！最明显的腐败来自人的意志对罪行的屈服。他希望政府能够像一部不断更新的机器，不断为社会公义奋争，并且努力形成一种社会氛围，让那些有权力、有财富的人意识到，权力与财富的获得不过是一种“或然率”，因此有责任把这一切分散出去。

也正是在这种思想的指导下，在 8 年总统任期内，威尔逊的国内改革可谓是轰轰烈烈，不仅拓展了进步主义改革的空间，还部分地弥补了老罗斯福时期的一些不足。威尔逊继承了西奥多·罗斯福的衣钵，在反托拉斯问题上走得更远，不仅通过《克莱顿反托拉斯法》[1]进一步限制了大公司的垄断趋势，在这部法案中还增加了对劳工有利的条款，可谓是历史性的进步。

不仅如此，威尔逊还通过《童工法》[2]、《亚当森法》[3]给予劳工更多保护。他积极推动“关税基本法案”，降低了民生用品税率，普惠大众，这项法案通过后，带动年平均物价下降11%之多。

鉴于1907年金融大恐慌的教训，威尔逊等许多有识之士相信，联邦政府应该在防范银行危机等方面有更大的作为。也正是在威尔逊上任头一年（1913年），《联邦银行储备法》得以通过，美联储[4]也便应运而生。

应该说，威尔逊的国内改革，对美国日后的崛起产生了深远影响。但他的日子过得并不舒坦，不仅政敌和利益集团与他暗战不断，而且他爱妻的去世也给他的精神造成了极大的伤害。这也使他对总统生涯有着与众不同的认识，他宁可一个人受苦和受委屈，也要将对大众有利的改革进行下去。

1919年10月2日，身心交瘁的威尔逊中风倒下，但他的精神，却始终站在风中，告诉人们，为什么“成为一个好总统，是一份自杀任务”。

为了大政治，需要牺牲小心情

威尔逊在外交上的成就是显而易见的。国际联盟是第一次世界大战以后建立的一个国际组织，而它正是由威尔逊在他的“十四点纲领”里最早提出建立的。不仅如此，威尔逊还是对华友好的一位美国总统。

威尔逊其实对中国并不十分熟悉，但是他担任总统的第一个决定就是在 1913 年 3 月 18 日否决了对袁世凯的贷款案，他的理由是“不应该以国际经济，干预他国内政”。这种做法，与 19 世纪欧洲列强的帝国主义作风完全不同。同年 5 月 2 日，他还率先在国际上承认“中华民国”，随后还提出：“国际友谊需要用心培养，尊重他国的法律，而非随意武力征服。”

应该说，威尔逊憎恨战争、热爱和平的信念是根深蒂固的。他坚信，肩负起领导组织“热爱和平的国家”以维护世界秩序是美国的职责，而且反对由胜利者来瓜分战利品，反对欺凌弱小的帝国主义行径。

但遗憾的是，尽管威尔逊发起了国联，美国最终却没有加入“国联”，这是为什么呢?

关键是威尔逊在妥协问题上没有“一视同仁”。

在巴黎，威尔逊为了国联大计，做出了一些妥协，但在国内，他却拒绝继续做出妥协，忽视了国内政治的潜规则——为了各方的利益，需要适度做出妥协。

应该说，威尔逊也还是对他的对手做出了让步——尤其是对以威廉·霍华德·塔夫脱[5]为代表的国际主义共和党人——但是，他始终没有能够赢得亨利·洛奇[6]这位在国会的权力体系中掌握实权的保守的共和党领导人的支持。

令洛奇极度不满的是，威尔逊只是带了党内的亲信去参加和平会议，却拒绝共和党的领袖同去，而固执地认为参加国联只是自己的建议，根本与共和党无关，所以拒绝他们参与。威尔逊对共和党领导人的这种有些蛮横的态度，使他的政治生涯、健康，甚至生命都受到了伤害，并最终导致美国未能参加国际联盟。

从关系上看，威尔逊与洛奇有着很深的私人嫌怨，见面几乎不打招呼，这也使他决不愿“屈服”于洛奇，但问题是，为了大政治，有时必须牺牲小心情，感情用事往往是得不偿失。

在后人看来，如果威尔逊能够与洛奇等人进行妥协，而不是纠缠不清，他就不会错失原本要在 1919 年举行的全国巡回演讲，也完全可能在 1920 年的大选中将国联提案交付美国人民审议。

由于将主要精力用于海外游说以及与党内对手较量，威尔逊错过了利用他的滔滔雄辩争取民众支持的机会。当他真的想去巡回演讲时，却不幸中风了。

事实上，在中风发作之前，不佳的身体状况已经影响到威尔逊的思维和判断能力。8 月 19 日，在与参院外委会的会谈中，威尔逊就将事实搞错多达几十次，此前他在向国会解释国联条约时所发表的演讲也与往日不同，显得虚弱而无说服力，医生估计这可能是脑供血不足所造成的。

健康状况对威尔逊判断力的影响是巨大的。尽管当时有两千万美国人请愿要求妥协，但威尔逊却仍莫名其妙地坚信大多数美国人站在他这一边。

威尔逊的倒下，留下了恒久的遗憾，也使人们意识到他与老罗斯福的差距，不仅在政治手腕上，而且也在身体素质上……

智慧分享

政治家，是视政治生涯为自杀任务的人，所以他能放开许多；而政客，则是视政治生涯为荣华富贵之道的人，所以他们有很多事情放不下。差别不在头脑，而在心。

政治，与正直，谐音相近，也应互为表里。

［1］1914年，美国国会制定了第二部重要的反托拉斯立法《克莱顿反托拉斯法》(Clayton Act)，作为对《谢尔曼反托拉斯法》的补充，主要目的是制止反竞争性的企业兼并以及资本和经济力量的集中。该法明确规定了17种非法垄断行为，其中包括价格歧视、搭卖合同等。

［2］废除了童工制度。

［3］为实行8小时工作制铺平道路。

［4］美国联邦储备系统（Federal Reserve System，简称Fed）负责履行美国的中央银行的职责，这个系统是根据《联邦储备法》(Federal Reserve Act) 于1913年成立的。这个系统主要由联邦储备委员会、联邦储备银行及联邦公开市场委员会等组成。

［5］威廉·霍华德·塔夫脱，威尔逊的前任，美国第27位总统（1909~1913年）。

［6］亨利·洛奇，参议院共和党领袖，也是反对国联的强硬保留派领袖。具体地说，洛奇及其领导的派别反对国联盟约那种让美国承担含糊的、没有限制的义务的条约。他需要的是由美国自己决定的、对美国肯定有利的、具体的、有限的义务。他们要求威尔逊对盟约内容进行修改，但遭到后者拒绝。

U.S. Leader's Wisdom

T. Roosevelt

西奥多·罗斯福：活力也是影响力

任期：1901 ~1909 年

猎手天蝎

战斗精神

天蝎座是出将军的星座，二战期间在埃及的沙漠之战，也是蒙哥马利将军与“沙漠之狐”隆美尔将军之间的两个“天蝎”之战，老罗斯福的战斗力也十分惊人，从发展海军的狂热即可见一斑。

坚忍不拔

自我控制力强，他的一生都在与自己的弱点和惰性做斗争，也使得他充满了阳刚之气，并“传染”给了国人。罗斯福的一位拳击搭档甚至形容他为“人造的机器”。

胸怀大志

作为典型的天蝎座，他不喜欢肤浅、乏味的工作，而擅长挖掘深奥的秘密和掌控权力，并且不喜欢受制于人，而是喜欢操控局面，建设大业。

疾恶如仇

罗斯福的一生，都在与破坏环境、鱼肉百姓的人进行着斗争，并且实践着自己的座右铭：为正义勇猛而战是世界上最高贵的运动。

同一星座的名人：
戴高乐，巴顿将军，比尔·盖茨

关键词：

总统之最

西奥多·罗斯福是美国历史上最年轻的总统（继任总统时 42 岁）；荣获“诺贝尔和平奖”；至今保持着连续握手（8 150 次）的吉尼斯世界纪录；胸部中弹后，在被送往医院前坚持演讲了 90 分钟；30 多本书的作者；国家公园体系的构建者……是罕见的活力四射、才华横溢的领袖人物。

中心

罗斯福很爱面子，无论在什么场合，他都要成为人们注意的中心。“我父亲不喜欢参加婚礼和葬礼，”罗斯福的儿子有一次说道，“因为在婚礼和葬礼上他既不能做新娘，又不能做死者。”

失言

1880 年，罗斯福以体现他独特人格的优异成绩从哈佛大学毕业。“锻炼体格寓攻击力于理智之中，高傲的野心埋藏在心灵的最深层。”只有一次当他去见校长时失口而出：“埃略特先生，我是罗斯福总统。”

意外

1901 年，为了彻底结束罗斯福的政治生命，罗斯福的对手们想出了架空罗斯福的“妙计”，即推举他为副总统的候选人，在他们看来，这也许是让罗斯福闭嘴的最好办法。但他们没有想到的是，罗斯福出任副总统后不到半年，麦金莱就被暗杀，罗斯福得以接任总统，提前开始了对美国的“大手术”。这是罗斯福的对手万万没有想到的。

强国需要阳刚之气

对美国来说，西奥多·罗斯福是避免美国走向二三流国家的关键性人物。

像此前的安德鲁·杰克逊、林肯一样，老罗斯福不仅成为一个时代符号，更成为一种清新政治乃至阳刚政治的象征。对此，格伦·戴维斯感叹地说：“是罗斯福真正揭开了美国阳刚政治时代的序幕。”

其实，在孩提时代，罗斯福的身体是十分虚弱的，但他牢记着父亲的话，“如果没有好身体的帮助，心灵是不能得到充分发展的”，决心把身体变得强壮起来。为此，他有意识地进行体质锻炼，在健身房，在拳击场，在西部郊野，他刻苦锻炼以获得发达的肌肉和强健的体魄。就这样，在日复一日的磨炼下，昔日的瘦弱少年不见了，人们见到的是一个器宇轩昂的男子汉，一个充满野心与活力的硬汉。

少年时代的身体锻炼至少给罗斯福带来三个好处，一是充沛的精力，二是坚强的意志，三是对体育运动的终生热爱。多年后，罗斯福在拳击、划艇、打猎、骑马、探险、打球方面的兴趣甚至还成了一种象征，一种个人通过体能扩张改变命运的象征，一种阳刚政治家铁腕治国的象征，一种美利坚民族走向世界、积极进取的象征。

在入主白宫后，罗斯福的能量更是辐射向全国。

一位医生说，平时他给病人看病，总感到自己消耗了一些体力，但是为罗斯福看病之后，他有生以来第一次有一种被输入能量的感觉，仿佛“不是我给予他活力，而是他把某种活力传递给了我”！

罗斯福的这种阳刚政治能量，令他的一些对手都为之感叹。在尝试着阻挡罗斯福前进的步伐时，那些人分明感受到扑面而来的，不仅是他个人的热量，而且还有时代所需的能量。这种活力政治带来的一个效应，便是政治的阳光性。以往的那种官商勾结、黑幕交易不见了，代之而起的，是白宫与民众之间的热络联系，是总统与大佬们的敬而远之。

耐人寻味的是，美国正是在西奥多·罗斯福时期开始了重要的转型，从此踏上一流乃至超一流国家之路。

强国漂在海上

10月27日是西奥多·罗斯福总统的生日，也是美国海军节。1922年，美国政府为了纪念罗斯福在发展美国海军方面的贡献，将他的生日定为海军节。而今，老罗斯福已经故去90年，但他留给美国的，不仅是成片的国家公园，还有世界上最强大的海军。

留心历史的人会发现，美国走向强大的过程，也就是美国海军走向强大的过程，它越被领导者注意和看重，美国的海上力量就越强，海外利益就越发“充盈”，在世界范围的影响力也随之上升。而老罗斯福显然是无愧于“海军之父”的称谓，因为正是在他任内，美国海军发生了划时代的变化，美国也变成了世界强国。

作为一个海军迷，罗斯福在研究过西方列强的崛起历程之后，强烈地意识到，没有强大的海上力量，很难赢得更广泛的海外利益，也无法保障本国在海上的经济和军事存在，侨民的利益也难以维护。在很年轻的时候，罗斯福就下定决心，要在未来的政治生涯中，全力推动海军的发展，为美国崛起打下基础。

1898年的美西战争[1]是一个转折点。对美国来说，这场战争标志着美国将更多地参与世界事务，也使美国民众和全世界注意到美国海军已成为一支强大的海上力量。对罗斯福来说，他在战争中的英勇表现也成为他接近实现政治理想的助推器，作为战斗英雄，这位海军部副部长很顺利地当选为纽约州州长，两年后成为副总统，并接替遇刺的麦金莱总统成为美国历史上最年轻的总统。

罗斯福入主白宫时，发展海军已逐渐成为社会各界的共识。

由于美国各种私营工业的利益都维系于不断扩张上，航运业、出口业、钢铁公司尤其是造船业都极力主张美国要有一支强大的海军。不仅如此，在这些行业的推动下，美国海军联合会很快便成立了，而且目标十分简单，就是要助推罗斯福海军梦想的实现。

有了这种社会氛围，罗斯福更是放开手脚追逐他的强海军之梦。首先，他将热衷海军建设的人配备到了海军部，1903年，更是责令陆军部长鲁特和海军部长穆迪联合成立了陆海军联合委员会，以保证陆海军的合作。

为了吸引更多的青年人参加海军，罗斯福还大力改善海军待遇，全力提高海军的公众形象。在总统大人的要求和督促下，水兵的生活逐渐变得舒适、惬意起来，从饮食到娱乐都超出普通人标准，薪金水平更是水涨船高，让陆上的年轻人羡慕不已。最吸引人的，还是募兵站打出的“参加海军，看看世界”的招兵广告，这也迎合了当时美国人走向世界的心态。

不仅如此，罗斯福还大力造势。作为美国历史上第一位“传媒总统”，罗斯福充分动员各种传媒力量，赢得民意，游说国会，而他本人不仅拿着自己所著的图书《1812年海战史》推销强海军思想，还逢人便大谈海军发展。在他的影响下，国会批准了他的一系列造船计划，而联邦政府对海军的投入更是成倍增长，最多的时候，海军支出竟然占到了联邦总支出的20%以上！

罗斯福大力发展海军的魄力得到了回报，短短几年间，美国海军与欧洲大国的差距迅速缩小，到了1909年，便跃升为世界第2位，成为仅次于英国海军的强大海上作战力量，美国在国际舞台上扮演的角色也越发重要起来。

耐人寻味的是，罗斯福发展海军，对其国内改革也起到了推动作用。美国海上力量的强势以及经济的迅猛发展，使得罗斯福信心满怀地大声对国人说：“现在不同了，我们已经变成世界强国。”这唤起了民众内心深处的激情，也使得他推动国内变革的种种主张更为引人注目，也更具深厚的民意基础。

弱势不弱，强国恒强

十年建业，百年建制。

看看当下美国的社会保障机制乃至食品安全法规，就会发现，多数都起源于老罗斯福在百年前的设想，以及他所进行的建制努力。这其中，关爱弱势群体，是重中之重。

其实，从出任纽约州州长起，罗斯福就表现出对中下层民众的命运的强烈关注。他日后执政的事实也证明，联邦政府权威的树立，有赖于对弱势群体的保护和帮助。

罗斯福上任不久，便遇到了一个严峻挑战，但他很巧妙地将其变成一个机会。1902 年 5 ~ 10 月，宾夕法尼亚州 15 万煤矿工人大罢工，要求承认工会、提高工资和缩短工时。一时间全国轰动。但矿主态度强硬，拒绝与罢工者谈判，也拒绝服从仲裁。情况陷入僵局。

这时，罗斯福出面了。他为了给矿工胡萝卜，而对矿主挥起了大棒。罗斯福威胁那些矿主说，如果不能有效解决这个问题，出于国家安全等方面的考虑，政府将会没收煤矿。经过一番紧锣密鼓的谈判，矿主终于软化了立场，而仲裁小组也迅速发挥了作用，除了同意成立工会之外，其他对矿主有利的条件都承应了下来。煤矿工人欣喜地发现，在他们的斗争下，在罗斯福总统的调解下，他们将至少增加 10% 的薪水，工作环境也将得到改善。

一夜之间，罗斯福名声大噪，他成了第一位解决此类问题的政府首脑，同时也赢得了民众极大的好感。

这件事情有着十分巨大的象征意义。因为正是罗斯福第一次将工业、劳工及政府的领导人召集在一起商讨对策，不但表明了自己解决问题的诚意，也表明了这种凝聚民意的能力。作为一种“展示”，它表明了联邦政府可以在协调各种利益关系、解决纠纷方面起到更大的乃至主导性的作用。

顺水推舟。此后，罗斯福顺势建立了商务和劳工部，专事协调劳资关系，在改善工人处境方面大有作为。于是，一部部工人迫切要求的、对处于弱势状态的工人有利的法案相继通过：工会权利立法、工时工资立法、女工童工立法、事故赔偿立法……

罗斯福的思想对后世的政治家有着深远影响。在他看来，没有富人越富、穷人越穷的道理；现代政府决不能只考虑一部分社会成员的利益，而置其他人的处境于不顾。社会各阶层需要的是相互依赖。

“从长远来讲，我们要么全体上升，要么一起沉沦。如果福利的平均水平高，那么普通的工资劳动者、普通的农场主和普通的企业主也同样会富裕。如果福利的平均水平萎缩，那么这些阶级中没有哪个阶级会不受萎缩的影响。”这一段话，成为后世政治家的执政警钟。

核儿强了，肉就瓷实了

对美国人来说，在世纪之交，遇到了一位真正能够把改革引上正轨的改革者是非常幸运的。与以往一些改革者不同的是，西奥多·罗斯福坚守的是国家主义的信念。他处理所有公共问题，都是站在一个强劲的甚至有些极端的国家立场上。

罗斯福很清楚，自己如果不能成为一个改革者，就根本无法真正地代表国家利益。他既不会做地方利益的代表，也不屑于成为特殊利益的代言人。

应该说，罗斯福此时面临的对手是十分强大的。但正如他在 1899 年的一次讲演中所说的，人生应该为最出色的成就奋斗：“向强有力的事物挑战，去夺取辉煌的胜利，即使遭受挫折也比苟且偷安强得多，因为得过且过的人生活在暗淡的暮光之中，既体验不到胜利的欢乐，也尝受不到失败的痛苦。”

反垄断成了突破口。罗斯福意识到，从联邦政府层面加强对大企业的控制，有助于州和地方政府摆脱大企业对它们的负面影响。而民众也逐渐认识到，州政府与私人企业的联系越少，它洁身自好的可能性就越大，履行合法有效的管理职能就更加“自在”。在这方面，罗斯福拥有了极强的民意基础，也使得他能够放开手脚，敢于挑战往届政府不敢面对的垄断资本势力。

于是乎，谋求垄断的北方证券公司成为罗斯福“第一把火”的燃烧对象，一场轰轰烈烈的反托拉斯运动由此揭开了帷幕。对此，华尔街的大亨们十分恼火，老摩根亲自出马，跑来质问老罗斯福为什么不事先与他商量一下，声称：“如果我们有错，你可以派人来和我的人谈，他们能够把事情摆平。”

但摩根没想到的是，罗斯福的回答非常强硬：“我们现在不想摆平问题，我们希望消灭问题。”而司法部长诺克斯说得更狠：“而你（指摩根）就是问题。”

垄断资本这次是遇到了对手。在罗斯福的强力呼吁和影响下，最高法院的法官们以5:4的微弱优势认定北方证券违法并被肢解。同年，著名记者艾达·塔贝尔出版《标准石油公司史》，披露洛克菲勒的黑幕；1906年，美国政府起诉标准石油公司，1909年标准石油解体。1908年美国烟草公司被起诉……这意味着自由、公平竞争原则的胜利，也意味着美国垄断企业的黄金时光走向终点。

最值得一提的是，在罗斯福任职期间，反托拉斯形成了制度化，这种制度化不仅使得反垄断成为了系统工程，不因白宫人事的变迁而人走茶凉，也使得大公司始终有一种戒备心理，担心大棒随时会挥向它们的头顶，从而在经营和劳工等问题上有所收敛。

用罗斯福的话说，高举着但轻易不落下的大棒更具威慑力。

联邦政府成了大赢家。通过反托拉斯，美国的经济秩序得到了整治，腐败行径得到了根本上的抑制，而总统的强力形象也得以树立。与此同时，罗斯福还在不知不觉中改变了美国以国会为中心的政治传统，他坚信，立法和司法部门在大工业的现代社会常常表现出行动迟缓、无法应付变化多端的情况，这就需要政府行动有力并且迅速。

其实，罗斯福早在第一篇总统咨文中便已开始疾呼加强政府职能，并利用联邦政府权力干预经济生活。在他任内，仅在保护自然资源方面便颁布行政命令300多项，续建大量国有森林和国家公园，创建了野生动物保护区和国家纪念地。这也使他成为著名的环保总统，当然更是令人叹为观止的行动总统。

经过西奥多的努力，联邦政府终于从企业的巨大阴影中站立起来，证明自己是社会生活的最高管理调节机关。事实也证明，在转型时期，强势政府要比无为而治的政府更为社会和时代所需要。

智慧分享

老罗斯福，是阳光人生和阳光政治的典型代表，也是这两者互为因果的最好注解者。很难想象，一个不阳光的人，能够终其一生做出事业来。

心是比任何事物都更需要经常通风和晒太阳的。

［1］1898年2月15日，美国海军缅因号战舰在哈瓦那港被击沉，时任海军部副部长的罗斯福向海军加勒比海舰队司令和停泊于香港的舰队发出战备命令。4月25日，美国国会向西班牙宣战，美西战争爆发。美国海军在马尼拉湾和古巴圣地亚哥取得决定性胜利，彻底摧毁了西班牙远洋舰队，从此西班牙沦落为列强中的小角色。

U.S. Leader's Wisdom

A. Lincoln

林肯：
没办法的时候只好笑

任期：1861 ~1865 年

大度水瓶

海纳百川

“博爱”和“平等”的思想使他交友甚广，有着深厚的民意基础，而宽宏大量的气度，有助于他在危机年代团结一切可以团结的力量。

智力惊人

大脑高度地发达，思维极其独特，有着超强的记忆力、良好的直觉和心灵能力，事实上，水瓶座也正是12星座中最具智能优势的星座。

有主见

冷静，不易受影响，这保证了他在南北战争最困难的时刻，仍然有信心，能够做出正确的判断和选择。

同一星座的名人：

达尔文，狄更斯，弗朗西斯·培根

关键词：

质朴

林肯的魅力在于他的质朴和自然。他从来不说别人听不懂的话，不做莫名其妙的事情，不听那些污染耳朵的恭维话，他喜欢的，就是和民众在一起。用传记作家的话说，“林肯就是这么一个人，他来自于人民，经常和那些跟自己一样的人接触能使他的内心感到更加安全”。

彬彬有礼

林肯很清楚，真正的领导力往往是通过日复一日地施加不露声色的影响得以巩固的，而影响力则来自对最基层群众的亲和力。他对任何人，不论是平民百姓，还是达官贵人，都一视同仁，对他们尊重，并且彬彬有礼。

对于普通人来说，这似乎也是走向成功的一个必需素养。今天，你为这个人亲切地拉开门，明天，就可能会有另外一个人为你打开机会之门。

犯错

林肯是一个常犯错误的典型。无论是青年时期，还是内战中，林肯没少犯错误，失败更是家常便饭，但由于对这一切已然学会了积极的回应机制，他不但没有受到负面影响，反而从中学到了许多。不犯错，就学不到正确的选择，这就是林肯的犯错哲学。

白宫泼妇

美国历史上的第一夫人中，大概没有谁比林肯夫人玛丽·托德名声更坏的了。她有个诨名叫“白宫泼妇”，经常不管不顾地向林肯发威，最过分的一次是当着工作人员和侍从的面，把一杯热咖啡泼到林肯脸上。在这些广为流传的故事中，林肯对夫人一贯是忍让有加，从不计较。有历史学家经考证后声称，实际上，玛丽患有精神病，林肯对她的忍让完全是出于体恤与同情。

林肯为什么爱照相？

最新的资料显示，林肯在当时是比较爱拍照的人，就像后来的肯尼迪利用电视、奥巴马利用互联网一样，照片这种特殊的媒介，成为提升影响力的重要手段。

在林肯生活的年代，摄影算是一项新发明，而敏感的林肯很快便认识到摄影技术的潜力，并乐得利用。事实证明，林肯很好地享用了先前历届总统所没有的优势：他的相片得到广泛流传，甚至在很大程度上起到塑造个人形象的作用。

照相伴着他一步步走入白宫。从默默无闻到声名鹊起，林肯先是律师，后成为政治家，他在这个过程中经常到摄影师那里拍肖像照。林肯在早期的照片中身着严肃正装，说明他“要展现一种在社会上有权威和有责任感的形象”。摄影史的研究者认为，林肯的这些照片无疑有助于他树立正规高级官职候选人的形象，甚至可以说对他当选总统颇有帮助。

出人头地是需要条件的。在 19 世纪的美国，出人头地必须具备两点：极其强健的体魄，这是当时艰苦环境的必然要求；同时善于宴饮交际，即能在那个边疆拓荒时代同社会上的人打成一片。身高 1.93 米的林肯，不仅体格高大，而且十分有力，在 19 世纪中期常见的一种全凭蛮力的娱乐性挥斧比赛中，他多次取胜。此外，林肯很会讲故事、说笑话，在社交场合特别受欢迎，引得众人追随。为了配合这些优点的展示，林肯有许多相应的照片。

进入 19 世纪 60 年代后，林肯亲民的政治形象，开始随着他的照片深入人心。入主白宫后，林肯的多幅肖像照进一步确立了他作为一位德高望重的国家元首的形象。

耐人寻味的是，随着南北战争愈演愈烈，林肯开始蓄须。他这样做的主要原因是，要在一个动荡不安的国家寄希望于他的领导作用时期，使自己显得更有威严。胡须象征着他做出了迎战准备，而胡须本身则展示出阳刚之气。

林肯会晤手下的将领以及在战场上同士兵见面的照片也有象征意义。摄影专家相信，这些照片显示出他作为一国统帅在直接参与进行这场战争，也显示出军队处于文职官员的领导之下。通过这样的照片，林肯是要说明他大权在握。在那个动荡年代，军心和民心的稳定，是异常重要的。

所有人都有权叹息，唯独领导者没有

林肯也许是最早的一批管理学大师，他深知，所有人都有权利叹息，唯独领导者没有。一个优秀的领导者，不仅要成为坚持到最后的人，而且还要成为冬日里的灿烂阳光，使周围人暗淡的心情明亮起来。事实上，如果你不能带来希望，就没有人会跟着你走。

环境越严峻，人就越需要放松。最成功的领导人往往是“鸭式管理者”。你看一看鸭子，它浮在水面上，显得逍遥自在，但它在水底下的脚却在拼命划水。同样的，一个好的领导者也要能够在冲突面前泰然自若，并合理而有效地展开行动。这有助于我们理解，林肯为什么要善用照片，以及始终充满笑意。

情绪是最具感染力的。在危难中，人们最希望看到的不是愁眉苦脸，而是乐观主义。林肯最令人难忘的就是他永远充满阳光的笑脸。靠着微笑、理想主义和良好的幽默感，林肯成了一位战争的“宣传队长”，尽管有时他所宣传的那些成就中幻想成分高于现实成分。

林肯是个永恒的乐观主义者，他的样子像在告诉人们他理解并且支持他们。这些人被他的魅力和善意所征服。他们选择了跟他走。

对于自己的乐观精神，林肯有过很谦逊的说法。在战争最艰难的岁月里，林肯对一个朋友说：“我之所以笑，是因为我一定不能哭，如此而已——如此而已！”但没有人否认，林肯有一种非同寻常的本领，能够通过他的乐观精神把群众团结在自己周围；尽管这种乐观精神有时是不确定的和没有保证的。

他不是一般程度的乐观，而是极其乐观。

林肯在白宫时，经常会接到恐吓信。一天，一个朋友问他是怎么想的。林肯回答说他每个星期都接到恐吓信，早已不再伤脑筋了。望着朋友一脸诧异的样子，林肯又补充说："再没有比习惯于这一切更好的了！"

对于前方传来的坏消息，林肯更是抱着无所谓的态度，并相信胜利必然属于联邦。在南北战争初期，政府军节节败退，几乎每天都会传来坏消息，但林肯却不为之所动。他从不抱怨将军们打了败仗，也不表现出对胜利一丝一毫的怀疑。

林肯的自信与从容鼓舞了他的将军们，使他们最终得以反败为胜。后人不禁感叹：最能展现领导人能力的是，在坏消息袭来时还能保持积极、乐观的态度，而且不损及他的诚恳、正直、人情味和决心，这才是难能可贵的本领，因为他能带给别人希望。

在那种坏消息多于好消息的日子里，如果不是有林肯这样的乐观领袖，也许人们早就放弃了。

美国著名文学家爱默生曾评论林肯说："他是一个没有假日的总统，一个没有晴日的水手。"史料记载，有许多次，林肯也非常郁闷，但在挫折面前不屈不挠、永不言败的精神，支撑着他顽强地坚持了下来，并最终引领他和这个国家走向最后的成功。

与民众而不是权贵“零距离”

战乱时期，普通人会很容易显得惊慌失措，或者感觉被遗忘在了角落。而此时，如果有人能过来安慰他，告诉他一切都好，为他指明方向，他的心里会舒服许多。

深谙人性的林肯，显然明白这一点，他不仅带给人们积极的信息，也使普通民众感觉到，他就在他们身边。不远处的他，对普通人来说，像光一样闪亮，像火一样温暖。

曾经做过律师的林肯很清楚，只有更多地掌握事实，才更有可能做出成功的判断。这也使得他成为最喜欢走动的领导人之一。即便是在进入白宫之后，他的办公室大门还是像当初在律师事务所一样，敞开着。他甚至将3/4的时间都用在了会见各方人士上。

对此，许多人都评价说，林肯也许是美国曾经的最可接近的最高领导人。

林肯这样做，完全是出自他的天性，同时也是因为他比其他人更了解人性。在那种国家陷入分崩离析状态的危机年代，林肯很清楚，人们内心存在着无比的焦虑，也有着太多困惑。这个时候，人们需要鼓舞，也需要从领导人那里得到“温暖”，无论这种温暖是友善，还是信心。甚至于，有时只是和他说说话，心里就会踏实许多。

其实，那些普通而又朴实的民众，要的并不多，只是一点水，一点阳光，一点关爱。而这也恰恰是林肯能够并乐于给予的。

当时，一位新闻记者曾经如此记录林肯与人民之间真正意义上的“零距离”交流：“所有声称是林肯先生朋友的人，都一致认为他就是性情善良、和蔼可亲的化身。他们都承认他对几乎所有求见他的人都有温和善良的语言、鼓舞人心的微笑和幽默诙谐的谈吐。几乎所有求见他的人从他的接待室出来时都被他那朴实的气质深深打动，留下美好的印象。”

林肯的这种游动式领导作风，被事实证明是行之有效的。通过与人们频繁的、丰富的接触，不仅减少了误解，越过了信息壁垒，而且自然而然地创造出了一种使命感、协作感和强烈的命运相关的意识。

并且，这样的领导，也就更加不容易犯脱离实际的错误。

成功的秘诀有很多，其中最重要的一条就是懂得将心比心并时时为他人着想。后世的政治家，但凡能做到这一点的，大多赢得了人们的尊重，也取得较大的成功。

雄心是翅膀，并且使人更能忍耐痛苦

真正有力量的人，不是声音大的人，而是目光坚定的人。在困顿的时刻，人们最需要具有坚定目光的领导者。能够拥有坚定意志的人，往往是对自己的使命有着长期追求和准备的人。

事实上，在年轻的时候，林肯就已经表现出雄心壮志，他一次次向着目标冲击，虽然屡战屡败，但却没有动摇他的决心。并且，他成功地将那些失败的教训转化为前进的动力和经验，进而使得他在国家处于危难的情况下较之常人抱有更多的信心和乐观情绪，这对于战争的胜利起到了关键性作用。

在林肯年轻时的合伙人看来，“林肯的雄心是一台永不休息的小发动机”。林肯之所以能够走进白宫，也确实是与他长年的执著努力分不开的。他一生都在准备，并相信自己一定会入主白宫，肩负更重要的使命，所以不在意其他事情的困扰，由于他把人生当作一个漫长的不断接近目标的旅程，所以能够对眼前的得失成败抱有平常心，也相信能够克服人生的种种困难。

林肯还未当总统时，有一次在受到政客们的围攻以后，写下了这些话：“我看到暴风雨来了，我知道这是上帝的旨意。要是上帝指定一个位置、一份工作给我，我相信我已经准备好了。”

事实证明，那些有成就的领导者，往往都是这样“忠于信念并坚持不懈的人”。由于相信自己的选择是正确的，相信自己肩负着特殊使命，所以就比一般人更能承受压力和痛苦。

也正是这种坚定的意志，使得林肯像指路明灯一样照耀着那个昏暗时刻，温暖着人民的内心。对于普通人来说，这种对于理想的坚定，也恰恰是接近幸福、接近奇迹的关键所在。

消灭“政敌”的最好办法，是成为他们的朋友

林肯虽然在战争刚刚胜利时就离去了，但他留下的宽恕精神，化敌为友的超凡胸怀和见解，却在以后的日子里一次又一次地医治着国家的伤口，帮助人们摆脱漫长的“噩梦”。

物以稀为贵。在那个充满不确定性和火药味的年代，林肯所具有的悲悯情怀并不多见。

当时，就曾有人批评林肯对待政敌的态度：“你为什么要试图让他们成为朋友呢？你应该想办法去打击他们，消灭他们才对。”

“我难道不是在消灭政敌吗？当我使他们成为我的朋友时，政敌就不存在了。”林肯温和地说。

令人感慨的是，就在林肯遇刺的那天下午，他还签署了一道赦免令，宽恕了一个因擅离职守而被判死刑的士兵。“我想，”林肯说，“这小伙子在地上比在地下对我们更有益处。”

与此同时，他还批准释放了一个已发誓效忠的叛军囚徒，从而使那个昔日的“敌人”变成了国家统一的支持者。

就这样，林肯的最后一天为他的一生做出了最好的诠释——用爱化解仇恨，用宽容去除敌意，用积极的做法减少消极的因素。而这种品质，在那个国家处于危难、大地上充满焦躁不安和敌意的时代，显得尤为可贵。

消灭“政敌”的最好方法，是成为他们的朋友——林肯的这种胸怀和眼界，给那些需要处理复杂关系的国家和个人都留下了深刻的启示。也使人们更进一步地理解了，为什么林肯

被视为“历史的奇迹”。

130 多年过去了，在美国人心目中，依旧没有人能代替亚伯拉罕·林肯的地位，他始终在最受美国人爱戴的总统评选中稳居第一。对美国人来说，林肯是完美政治家的化身，是和平的缔造者，是最杰出的爱国者和先驱，他的心灵纯净而伟大。他的演讲被反复地引用，他的头像被雕刻在拉西莫尔山上。

美国人这样形容林肯：他兼具钢铁与丝绸的特质，既坚如磐石又柔若云雾，内心既像风暴般狂野，又有非同寻常的宁静。这个被视若神明的人物的内心深处，其实是最贴近人性的本真的，只不过，他将人性的弱点最大限度地克服了，将优点毫无保留地释放了出来，点燃了那个时代，也照亮了后人……

智慧分享

从某种意义上说，林肯是一个因忍耐而成功的人，他能忍耐不断的失败，能忍耐喋喋不休的妻子，能忍耐别人的误解，能忍耐战事的僵持和残酷，并且他始终都微笑着，就像看戏剧，就像他是编剧一样。

忍耐就是你气得要拆房子的时候还能不动声色。

A. Jackson

杰克逊：
铸剑是为了亮剑

任期：1829 ~1837 年

无私双鱼

大方好客

待人亲切、友好，这也使得杰克逊极具人气。在他入主白宫后，全国各地的人络绎不绝地来看望他，几乎踩坏了门槛。

打破常规

能以其独到的“狡猾”方式完成工作，在执政岁月里，杰克逊表现出的，不仅是勇气，还有智慧和想象力。

自我牺牲

有为了更高目标牺牲小我的胸襟，巧合的是，美国历史上一共出了4位双鱼座总统，开国之初就有3位（另外两位是华盛顿和麦迪逊）。开国领导人较少私心，应该算是美利坚之福吧。

同一星座的名人：
哥白尼，爱因斯坦，雨果

关键词：

高开高走

在美国历史上，只有极少数总统能够在第二任期结束时仍然能像第一任期开始时那样受欢迎，而安德鲁·杰克逊就是这极少数中一位。最主要的原因，是杰克逊在坚持不懈地捍卫着民众的利益，维护着国家的统一。

小木屋

杰克逊是第一个出生在小木屋的总统。在他之后，还有伟大的林肯、菲尔莫尔和加菲尔德。

投票

有一个人拜访杰克逊，希望能为一个在战场上失去一条腿的士兵提供一个养家糊口的机会。不过他也直率地对总统说："他曾经对你投过反对票。"

"如果他为国而战失去了一条腿，"杰克逊说，"那就为我投了足够的票了。"

厨房内阁

杰克逊就职不久，就停止了内阁的定期会议，一切大政方针都不与内阁阁员商议，而是依靠一批心腹——非官方顾问——为自己在重大方针政策问题上出谋划策。他同这些人在白宫的厨房里共餐时就把一切决定了。因此被人称为"厨房内阁"。

产权

杰克逊曾经同一个叫本顿的人决斗过。本顿一枪击中了杰克逊的左臂，子弹一直留在里面近 20 年。到 1832 年医生取出子弹的时候，本顿已经成了杰克逊的热情支持者。杰克逊建议将子弹归还本顿，但本顿谢绝接受，他表示，20 年的保管期，已使产权发生了转移，子弹的所有权当属杰克逊了。杰克逊说，自从上次决斗到现在还只有 19 年，产权关系没有发生变化。本顿回答说："鉴于你对子弹的特别照管——一直随身携带——我可以放弃这一年。"

散沙筑不起长城

组织是胜利的诀窍。这一点，在杰克逊的选战中体现得尤为明显。

本来，在1824年的大选中，杰克逊就大有机会入主白宫。当时昆西·亚当斯与杰克逊处于僵持不下的状态，但由于退选的亨利·克莱将他控制的3个州的选举人票让给了亚当斯，从而使亚当斯以微弱优势取胜。令杰克逊阵营愤慨的是，亚当斯恰恰选择克莱做他的国务卿，从而在客观上证实了杰克逊阵营的猜疑——亚当斯与克莱在大选中做了“肮脏的交易”。

也正是从那时起，杰克逊展开了全面的反攻，不仅成立了新党，动员一切舆论力量抨击亚当斯政府，而且从1825年起就正式开始了1828年的竞选工作。这样的事情在美国历史上是极其少见的。

民众很快被调动了起来。随着国会中反对派的形成，很快在全国各地便成立了支持杰克逊的基层组织，这个组织最初就叫“杰克逊之友”，后来定名为“民主党”[1]。很快地，在杰克逊的指导下，在全国范围内刮起了反亚当斯的旋风。

媒体也被动员起来。支持杰克逊的报纸，一方面在尽己所能地为难亚当斯政府，抓住亚当斯任何一个不当便大做文章，另一方面则深入宣传杰克逊的形象，从“新奥尔良的英雄”、“人民的候选人”到“田纳西的农民”，并使千百万农民相信，“老核桃树”（杰克逊的绰号）的事业就是普通美国人的事业。

杰克逊团队的活力显然是亚当斯阵营所不及的。为了吸引民众的眼球，杰克逊党别出心裁地组织起了前无古人的竞选活动：募集资金，编辑选民名单，草拟口号，传唱政治歌曲，分发小册子和印刷品，组织游行、集会、野餐甚至宴会。被称作“拉拉队”的杰克逊竞选人员甚至还分发起了核桃树的扫帚、核桃树棍子和手杖，到处插放核桃树旗杆，总之，全国上下处处可见核桃树。

这确实是一场空前的竞选。就连亚当斯的支持者后来都绝望地承认：“组织是胜利的诀窍，等我们想要这样做时，已被打垮了。”杰克逊的这种以人民为友的竞选模式，也为后人津津乐道。180 年后，奥巴马正是以杰克逊模式赢得了历史性的胜利。

政客摆谱，政治家用心

通过从 1824 年到 1828 年的戏剧性选战历程，人们也逐渐认可了观察家们的断言——“杰克逊的力量来自于大众”。同样重要的是，杰克逊也很清楚这一点，对他来说，他与民众之间，有真正的血脉联系，那些普普通通的人，就是他的“亲戚”。

这也正是杰克逊的权力基础。参议员丹尼尔·韦伯斯特曾经感慨地写道：“我从来没见过这样一群人，为了见杰克逊一面，他们甚至不远千里地跑来，而他们也真诚地相信，这个国家被杰克逊从坏家伙们手中拯救了出来。”

也正是有了这样的底气，杰克逊建立了与以往任何时候都不同的强势政府。

不仅如此，杰克逊还是第一位懂得利用媒体为自己执政服务的总统。在他之前，尽管有杰斐逊那样一些“誓死捍卫你话语权”的总统，但却没有哪个总统真正能够以现代的方式影响传媒。在传媒的背后，杰克逊显然也看到了“总统—传媒—人民”之间的纽带联系。在不能赢得内阁和国会的支持时，杰克逊就会通过媒体诉诸人民，求得民众热烈而真诚的帮助。

事实也正是如此，在内阁大换血并稳定之后，有了民意和媒体的支持，杰克逊把心思用在了对付国会上，在这方面，杰克逊也堪称是前无古人。由于有着民众和媒体的广泛支持，杰克逊十分自信地以“全体人民”的代表自居，将宪法赋予的否决权扩大为立法权。在他任内，他否决了比以往历届总统加在一起都要多的议案（12 次），与此同时，他还催促国会通过他认可的法律。他的信条是，“如果有什么工作民主党不能做，那么就废除它吧”。

杰克逊的做法让国会感到震撼，也让民众感到新鲜。不喜欢杰克逊的人说，他试图使自己像国王那样行事，称他为“国王安德鲁一世”；但是大部分民众，特别是西部的民众，却十分喜欢他的所作所为。

事实证明，杰克逊的强势状态，无论是在维护国家统一还是在反对银行寡头的斗争中，都起到了关键作用。在针对第二国民银行的斗争[2]中，杰克逊依托民众的支持，冒着输掉大选的风险，顽强地与比德尔为首的金融寡头以及他们在国会的代言人抗争。

而这一切，却赢得了民众的热爱，杰克逊“意外”地轻松赢得连任，在庆祝人群中，杰克逊的支持者们自豪地说：“不是杰克逊将军，有谁能有胆识否决对第二银行的授权法案呢?”“不是杰克逊将军，有谁能够顶住占压倒多数的腐败的贵族制的攻击呢?”

人们的爱和尊敬是一种好运。杰克逊的“喜剧”证明了，真正的威严，不是使人畏惧，而是令人于不知不觉中发出真心的尊敬。能够代表人民利益的政治家，从来都会拥有政客所难以想见的自然而然的威严，持久而亲切。

最 man 的人，最敢说不的人

无论在历史学家看来，还是在同时代人眼中，杰克逊都是个一直在努力“做正确的事情”的人。并且，他特别善于捍卫自己认为“正确的事情”。

杰克逊在婚姻问题上的表现，就很能说明问题。还是在娶雷切尔为妻时，杰克逊就已经表现出为了“做正确的事情”而不屈不挠的气质。当时，由于对法律的误解，他在以为法院已经批准雷切尔离婚的情况下娶了她，但没成想，两年后才知道雷切尔从法律上还不能算正式离婚。这招惹来了关于雷切尔“通奸”的流言蜚语。

这种流言蜚语让杰克逊感到无法接受。在他看来，雷切尔本来就因为那桩婚姻而生活不幸，如今清誉还要被玷污，作为他的保护神，这是不能容忍的。杰克逊表现出了他的男子汉气概——捍卫自己的心上人。从那时起，为了对付那些胆敢不敬地提到妻子名字的人，杰克逊的手枪处于“高度戒备”状态长达 37 年，直到妻子去世。

事实证明，这种为了感情而敢于亮剑的精神，也往往会带给一个人事业上的成功。在战场上，杰克逊的这种为自己认为正确的事情不顾一切的劲头，也带给了他巨大的荣耀。

在 1812 年美英战争期间，杰克逊组建了一支由 2000 多人组成的志愿军，并率部从田纳西前往密西西比的纳齐兹。不料，中途竟然接到命令说要解散他的队伍。在这种情况下，许多人可能都会泄气地离去——上面都不要我们了，还打个什么劲?

但杰克逊毕竟不是常人，他的那股子犟劲又来了。他不以为然地说：我们这支志愿军也不是为了某个长官组建的，我们是为了这个国家，为了保卫我们的土地，怎么着，你说解散我们就解散呀。

杰克逊和大家一商量，说咱们也不能就这么回去，说什么也得继续走下去。在接下来的日子里，志愿军算是真正领教了杰克逊的“坚硬”——他不仅始终走在前面，而且说笑着化解了士兵的疑惑，让他们感觉到这是一次光荣的进军。

就这样，在这次条件极为艰苦的长途跋涉中，杰克逊的精神力量体现无疑，也征服了将士的心，从那时起，人们开始亲切地称他为“老核桃树”，以象征他的坚韧和顽强。

这支队伍，在一个有着强大个人感召力的统帅的带领下，很快便成了一支有“魂儿”的队伍，有着旺盛的斗志，也有着当仁不让的“亮剑精神”。也正是这支队伍，在1815年打出了美英战争中最漂亮也被视为决定性的一仗，在新奥尔良，以1∶100的伤亡代价击倒了2000多名英兵，杰克逊从此成为民族英雄。

在多年后，林肯在维护国家统一问题上的亮剑，老罗斯福在打击垄断和腐败方面的亮剑，富兰克林·罗斯福在反法西斯战争中的亮剑，都给世人留下了难忘的印象，也确立了崇高的历史地位。

智慧分享

杰克逊，是美国版的李云龙。他身上所具有的亮剑精神，令民众欣慰，令青年追随，令敌人胆寒。富有人性化的是，他不仅为了国家利益而亮剑，也能为了捍卫自己的爱情，捍卫自己的理想而亮剑，从不犹豫。

敢作敢当，是伟人气质，而这种气质，在很多人身上都潜伏着，只是自己没有意识到，或者是被生活的琐碎磨灭了。

［1］美国民主党是美国两大政党之一，其前身是1792年杰斐逊创立的民主共和党。19世纪初，民主共和党发生分裂，一派自称国民共和党，后来改称辉格党。以杰克逊为代表的一派于1828年建立民主党，1840年正式定名为民主党。19世纪50年代末，民主党发生一次分裂，部分北方民主党人参与组建反奴隶制的共和党。

［2］当时这家私有的美国中央银行意图垄断美国货币发行和金融体系，杰克逊决心端掉这口黑锅，他1832年7月10日在美国参议院发表《关于合众国银行的否决咨文》说："令人遗憾的是，有钱有势的人太经常地迫使政府屈从于他们的私利目的……我们的许多富人不满足于平等的保护和平等的照顾，他们还要我们通过国会的立法使他们变得更富……我们坚决反对我们的政府为少数人谋取私利而损害众多人利益的那种卖淫式的行为。"

U.S. Leader's Wisdom

T. Jefferson

杰斐逊：从建国到建校

任期：1801 ~1809 年

先锋白羊

先锋作用

善于开拓、创先，杰斐逊在美国的制度建设上，也确实具有创新精神，他和麦迪逊等人制定的宪法和政治构架，保证了美国几百年的稳定发展。

坦荡

杰斐逊为人直率，不搞小动作，即便是有争执，也是为了国家利益，而私下里，并不伤及感情。

雷厉风行

只要想好了，就会坚持去做，但不能忍受乏味的、重复性的维持工作和服务性工作。即便退下来，也不会闲着，办大学就是最好的继续释放能量的渠道。

同一星座的名人：
康熙，卓别林，施罗德

关键词：

事不过三

如果杰斐逊愿意的话，他还可以再次当选总统。但是他总是担心，如果一个总统的任期太长，就有可能试图成为一名独裁者。杰斐逊认为，任何总统的任期都不应该超过两届。因此，他拒绝了第三个任期。

墓志铭

杰斐逊在生前就为自己撰写了墓志铭：“这里埋葬着托马斯·杰斐逊，他是独立宣言的作者，弗吉尼亚州宗教信仰自由法案的作者，弗吉尼亚州立大学之父。”他甚至没有提及自己曾经是美国的总统。

孤独

杰斐逊为美国奋斗的一生，可谓饱满而精彩，但他的个人生活却并不如意：他不仅送走了妻子，而且还送别了6位子女中的5个。在生命的最后时刻，他写诗给唯一的爱女：“那么永别吧，亲爱的，我的爱女！生命最后的痛苦就是与你离别！两位天使等待身裹寿衣的我；我将用最后一口气告诉他们你的爱。”

潦倒

为了办教育，杰斐逊可谓倾家荡产，但在他看来，为教育所做的一切，都不是牺牲。在生命的最后时刻，这位开国元勋已经没有机会改善自己的生活，但他还是把希望留给了后人，而后人，也确实没有辜负他。

拿破仑送来“一个美国”

大国的崛起需要适宜的国际环境，这一点美国人有很深的体会。

说起美国人抓住的机遇，人们会很自然地联想到第一次世界大战和第二次世界大战，事实上，在美国早期的发展历程中，就很是因国际形势的变动而得利了。

在独立战争中，美国得到了来自法国、西班牙等国的大力支持。由于法国海军不断威胁不列颠诸岛，使得英国海军不得不兵分两路，正是借助法国的舰队，华盛顿才在约克镇取得了最后胜利——他的军队把英军逼向海边，法国舰队切断了英国的海上退路。

此前，法国、西班牙、荷兰还先后承认了合众国，并且给予它金钱和物资上的援助。而法国人这样做，则是基于削弱英国海外势力的考虑。

还是在 1763 年“七年战争”[1]结束时，由于英国一方获胜，法国的海外殖民地大部分被英国夺走，这让法国人耿耿于怀，他们当然乐得看到英国失去北美殖民地。

1803 年的情况也与此相似。

当时英法关系日趋紧张，战争已不可避免，拿破仑亟须筹款来进行这场战争。1800 年，拿破仑从西班牙手中夺取了路易斯安那及附近的佛罗里达，但形势发展使法国意识到，自己可能无力保卫北美殖民地，但它也不愿看到这一大片土地落入英国之手，因而宁愿把路易斯安那地区全部卖给美国。

这就是戏剧性的地方。

其实，杰斐逊本来并没有期望得到这么大片的领土。

他最初想要的是新奥尔良。

杰斐逊上任后不久，就已经把目光投向了新奥尔良地区。在那里，法国人控制着密西西比河河口两岸的地区。这意味着，如果法国人不想让美国的船只出入的话，他们可以随时关闭河道，可这条水道对于阿拉巴契亚山以西的美国定居者来说又实在是太重要了。

但美国人一开始并没有期望过高，他们最初只是想拿到佛罗里达和新奥尔良。1803 年初，杰斐逊任命门罗[2]到法国协同美国驻法国大使利文斯通购买这两处，并希望以密西西比河作为美法的边界线，美国公民拥有自由的航运权。

出乎美国人意料的是，拿破仑政府竟然同意出售从密西西比河到落基山脉的整个路易斯安那地区。

门罗由此被视为福将。就在他到达巴黎的前一天，法国外长塔列兰向美方提出不仅愿意出卖新奥尔良，也愿意出卖整个路易斯安那地区的建议。很快，双方就在 4 月 30 日签订了协议，定价 1500 万美元。

这期间还有一个插曲。

在签订协议后，门罗在卢浮宫第一次见到了拿破仑。在闲谈中，拿破仑似乎已经预见到了美国与英国的第二次战争。

在聊过许多事情之后，拿破仑赞扬了美国人的战斗精神："你们美国人在与英国人的战争中战绩辉煌。你们还会这样的。"

"我们会的，我确信，"门罗说，"如果我们命中注定要进行战争的话，我们总会这样的。"

"你们很可能会再次与他们交战的。"拿破仑预言。9 年后，美国与英国确实进行了第二次战争。

事实上，对未来的预测也确实成为拿破仑放弃路易斯安那的一个重要因素。

但拿破仑的爽快不等于杰斐逊的痛快。

与法国的这一协议确实令杰斐逊兴奋不已。美国的版图一下子增加了一倍多，举国欢腾。但杰斐逊也有“甜蜜的烦恼”，因为宪法中没有任何规定说总统可以拥有使美国国土翻倍的权力。

按照正常的程序，协议草案应交由国会审定修改，并作为修正案增补在宪法之中，从而使这一购买具有充分的合法性。但问题是，这一审定过程太慢了，而此时从法国传来消息说，拿破仑已经对这个交易有点感到后悔，如果拖延下去，并不排除他收回许诺的可能。

杰斐逊面临抉择。

从对政府权力的认识上，杰斐逊倾向于更加谦恭地对待宪法规定的权力，而不愿越雷池一步。但杰斐逊也同样相信，美国的未来取决于西部。这个机会对美国来说实在是太好了，失去这个机会就太可惜了。

杰斐逊的这一整套考虑体现在他所做的年度咨文中：“对密西西比河及其流域的所有权和主权，可保证为西部各州的产品提供一个独立的出海口，在整个河道上不受控制地航行，而不会同其他国家发生冲突并因而危及我们的和平。与此同时，这一地区丰富的产品、良好的气候和辽阔的幅员，可在一定的季节保证为我们增加财富，为子孙后代提供充分的粮食，为实现自由平等的法则提供了广阔的天地。”

事实证明，顺势行事，也正是杰斐逊最大的长处之一。

在经过一番思想斗争之后，杰斐逊选择了宁可被他人指责超越联邦宪法所赋予他的权限行事，也要维护国家利益。

杰斐逊迅速改变了增补宪法的想法，签署了购买路易斯安那地区的协议。之后，他要求国会同意他已经做的一切。

国会中的多数人支持了总统的做法，仅仅经过两天的辩论便达成共识，迅速批准了协议。1803 年 12 月 20 日，美国国旗已飘扬在新奥尔良上空。

这是对美国成为大国决定性的收购。路易斯安那是一片未开垦的广阔而肥沃的平原，它并入美国，不仅意味着密西西比河流域获得了政治上的完整，也等于为美国建造了一个巨大的粮仓，而美国的领土也扩大了一倍。更为难得的是，这是通过购买而不是战争的形式得到的，在人类历史上都极为罕见。

年轻的美国也由此获得了空前的活力。也正是从那时起，由政府鼓励的西进运动也慢慢拉开了序幕。鲜为人知的是，杰斐逊对西进的支持，在一定程度上也与他对科学和探险感兴趣有关。

多才多艺的好处

在美国的历史学家们看来，杰斐逊是一位近乎天才式的人物，一个真正的文艺复兴式的人物，他的兴趣是如此广泛，堪称美国人积极的人生态度的浓缩版。

除了任期 8 年的总统和《独立宣言》的起草者这样的角色之外，杰斐逊还是颇有造诣的提琴手、建筑师、农业专家、品酒家、发明家，对植物学、建筑学、畜牧学、气象学、机械工程等都有着深入的研究。

也正是杰斐逊，为南卡罗来纳州的农民引进了优良的稻种，也最先给美国人的餐桌上引进了橄榄油、通心粉、葡萄干、香草和美酒。

杰斐逊对知识的渴求，成为一种传奇。与他同时代的人曾感慨地说，还从未见过像他这样每事必问的人。

1962 年 12 月，肯尼迪总统在白宫接待了一批诺贝尔奖获得者。他在欢迎词中这样说："除了杰斐逊总统在总统官邸单独就餐的时候之外，你们是在那儿集中过的最卓越的天才。"

对于同样多才多艺的肯尼迪总统来说，这样的评价是发自内心的。

关于杰斐逊在音乐方面的造诣，下面的故事很有代表性。

杰斐逊在追求玛莎·斯科尔顿的时候，他有很多情敌。一天，有两个同样追求玛莎的人碰巧同时去拜访她。他们是朋友，决定一同进去。正当他们要穿过大厅进入客厅之际，他们听到有人在拉小提琴，同时在与一个女子合唱。两人对视了一下，知道那是杰斐逊，他是附近唯一的小提琴手。"我们是在浪费时间，不如回家吧。"两人知趣地离开了。

杰斐逊还是一个嗜书如命的人。他有自己的书库，在一次家里发生火灾后，他所做的第一件事就是大量订书，重建书库，并且在两年内就建好了。

至于建筑学，更是杰斐逊颇有心得的学科，他所设计的弗吉尼亚议会大厦被认为是美国第一件新古典主义作品，并成为各州公共建筑的榜样。对此，一位著名的建筑史家给杰斐逊的评价是，他是美洲第一个土生土长的伟大的建筑师，是第一位制作施工图和进行建筑设计的美洲人，也是第一位用艺术眼光进行建筑的美洲人。像他在政治中一样，杰斐逊巧妙地把欧洲风格和北美风格融汇在一起。

为了保持头脑清醒，杰斐逊每天骑马一到两个小时，即便是在白宫的日子，他也常常外出，散着步走进民众之中。

有意思的是，杰斐逊广泛的人生爱好，对于他心平气和地离开权力之巅，也有着微妙的心理意义。

一般情况下，从一个手握大权并且有着极高民望的总统一下子落到一位普通的民众，不是一件很容易转变的事情，空虚、寂寞、门前冷清的感觉，都很常见。但对杰斐逊来说，这根本算不上是什么问题。

事实上，在离开首都的路上，杰斐逊就已经表现出对“新的生活”的期待。在很好地履行了对祖国的责任之后，他渴望有一种更具活力和自由的生活空间。由于爱好的超级广泛，等待他的也不可能是寂寞的晚年。

不仅如此，由于杰斐逊政治生涯中所表现出的道德自律和智慧光芒，他退隐之后，仍然吸引着各方面人士络绎不绝地前来拜会，蒙蒂赛洛[3]也很快成为群众聚会和娱乐的场所，人们因杰斐逊而来，因坦诚的交流而快乐。

杰斐逊的晚年，也由于他爱好广泛所保持的活力及人际往来的频繁而显得异常充实，思想的敏锐较白宫岁月也没有丝毫退色。如今，他与外界往来的数万封信件，已成为历史学家的巨大宝藏，而他人性的光辉与睿智，也因其有始有终的对生活的热爱而具有了历史的穿透力。

无数人因对权力的贪婪而被历史长河淹没，只有很少的一些人，因为明白权力是用来做什么的而被历史所铭记……

大学里播下强国的种子

历史同样不能忘记的，还有杰斐逊对美国教育所做出的贡献。

杰斐逊对教育的重视，是其后的许多领导人所无法比拟的。杰斐逊对教育的认识，也远远超出了同时代人，甚至也使绝大多数后来者望尘莫及。

在杰斐逊看来，不普及对民众的教育，任何共和国都不可能国力强盛。这也使他始终将教育看作美国能否长久成功的关键，并且相信，这也是防止政府变质腐化的重要“防洪堤”。即便是对于个人而言，杰斐逊也相信，幸福生活中的一个固有成分就是终生学习。而他本人正是这种积极的终生学习的榜样。

事实也证明了杰斐逊对教育的爱。从 1818 年起直到去世，杰斐逊似乎就只为弗吉尼亚大学而活。

为了落实这种人人可接受的免费公共教育，以便让更多青年接受高等教育，杰斐逊可谓事无巨细地张罗。从跑资金，到绘制图纸，从监建课室，到设置课程，不一而足。美国当时大学很少，出类拔萃的教授更是稀缺，但杰斐逊却不愿在教授水平的问题上让步，坚持用高薪从欧洲聘请了 5 位出色的教授，从而保证弗吉尼亚大学从诞生之日起就处于高水准。

1825 年 3 月 7 日，弗吉尼亚大学正式开张。尽管只有 30 名学生入学，也没有举办任何奢华和隆重的仪式，但这里却孕育着美国强大的种子。

值得一提的是弗吉尼亚大学所具有的和谐与民主的气氛。在这里，学校领导人是由教授选出的，并且在学校管理上受理事会监督，在学生中间，则实行教授领导下的自治。

作为“弗吉尼亚大学之父”，杰斐逊对每一个学生都怀着一种慈父情怀。与那些提倡苛刻管理、动辄诉诸惩罚的人不同，杰斐逊怀疑，当学生达到一定年龄后，是否还应该凭借其“害怕心理”作为纠正他们行为的动力。他坚信，用羞辱、体罚和使之感到压抑的办法对待他们，不是造就正直品格的最好方法。

为此，杰斐逊倡导教授与学生之间，应体现出一种父子般的深情。为了在学习和生活上密切师生关系，杰斐逊匠心独具地设计出具有亲和力的“大学村”的建筑格局。在这种“大学村”里，教授和学生既是师生，又是邻居，比较容易营造出一种朋友、家人乃至父子关系的气氛。

就这样，无论是校长还是教授外在的权威，已经内化为一种人格魅力和影响力。他们是年青学子的良师益友，也是他们人生道路上的指路明灯。

领导肩再宽，也不该有“架子”

弗吉尼亚大学还成为美国政治民主的孕育地。在这里，杰斐逊巧妙地把学校管理体制与民族精神联系在了一起。他相信，这种具有亲和力及实质影响力的校园内部关系，有利于培养一种秩序与自尊相结合的精神，而这种精神，不仅适合于美国的政治制度，也值得灌输到美国人的品格中去。

这一切都与杰斐逊的领导理念一脉相承。如迈克尔·葛尔布[4]等学者所言，杰斐逊对美国政治的一大贡献就是，他培养了开放与权力共享的风气，并进一步地争取到了和谐与忠诚。

在白宫期间，每天上午，他都把自己办公室的门开着，任何人都可以不请自来，与他沟通乃至争吵。他鼓励自己的团队坦诚交换意见，而他则像高明的主持人那样，轻松地切换着“频道”，让大家畅所欲言，也能言归正传。

让美国历史学家津津乐道的是，杰斐逊开内阁会议就像朋友聚会一样，而不像官僚委员会开会。唯一的规则就是开放坦诚的讨论、公平行事和相互尊重……他不摆官架子，不威吓欺压操纵别人。他尊重别人的自由意志和判断……民主化的领导作风为他“博得”了助手的忠诚和尊敬。

令人肃然起敬的是，这位为成立弗吉尼亚大学而四处筹款的美国前总统，生命的最后岁月却生活在困厄之中。不过，当时萦绕在杰斐逊脑海中的，却不是那些恼人的债务。在人生的最后两个月，杰斐逊还忙着为学校设计植物园的构图，而临终前几天，他琢磨的则是如何处理大学图书馆的大理石柱。

让人感动的是，在闻听杰斐逊的困顿状况之后，全国各地都举行了募捐行动，尽管这一切还不足以偿还他的所有债务乃至解决他的医疗费，但却最大限度地抚慰了这颗为他人劳累了一生的苍老的心灵。杰斐逊开心地说，这是“纯真的、自发的爱的表示”。

令人赞叹的是，即使是在逆境中，杰斐逊也能欣赏生活的美与欢乐，使他成为振奋人心的榜样。杰斐逊留下的公平施教、公平施政的精神，更是对美国后来的崛起产生了深刻影响。

智慧分享

杰斐逊因为办教育而一贫如洗，但美国却因为他的教育理念而走向繁荣和强大。

不妨，我们相约，60 岁以后办教育，为了那些渴望的眼睛，为了这个国家的未来……

［1］七年战争（Seven Years' War），是1756～1763年间由欧洲主要国家组成的两大交战集团（以英国、普鲁士为一方，法国、西班牙、俄国为另一方）在欧洲、北美洲、印度等广大地域和海域进行的争夺殖民地和领土的战争。

［2］詹姆斯·门罗，美国第5任总统，美国对拉美政策的主要奠基人，即门罗主义的制订人。杰斐逊当选为总统后，在竞选中立下汗马功劳的门罗被任命为特使，前往法国协助驻法大使办理向法国购买路易斯安那事宜。

［3］1809年，在当了两任总统后，杰斐逊退休到蒙蒂赛洛，此后再也没有离开，直到1826年逝世时为止。

［4］迈克尔·葛尔布是创造性思维与领导术发展领域里国际知名的先锋人物。自1978年以来，他为全世界多家著名公司组织举办过研讨班，帮助他们实现了各自最重要的目标。其中包括杜邦公司、福特公司、毕马威国际会计公司、英国石油公司、青年总裁组织等。

U.S. Leader's Wisdom

G. Washington

华盛顿：伟大的背影

任期：1789 ~1797 年

梦幻双鱼

宽容

他那善良与柔和的天性使机会的大门总向他敞开，如同命运之神的宠儿一般，不断走向人生的高峰。

随和

不贪恋权位，其对权力的淡薄，对宪法的尊重以及对国家和人民的热爱为后来者树立了一个不可企及的典范。

善解人意

善于同情别人，渴望牺牲自己，是个基督式的救世主，其奉献精神令人叹服。

同一星座的名人：

周恩来，白求恩，格林斯潘

关键词：

第一人

“战争时期的第一人，和平时期的第一人，同胞心目中的第一人，一位举世无双的伟人。”亨利·李在美国国会发表的对华盛顿的悼词，成了对华盛顿最经典的评价。作为仅有的一位全票当选的总统，乔治·华盛顿也成为一位近乎神化的人物，对他的敬意，成为了美利坚民族的精神支柱之一。

总统日

1971 年之前，2 月 12 日（林肯生日）及 2 月 22 日（华盛顿生日）皆为联邦假日，前者是为纪念林肯总统诞辰，后者则是纪念华盛顿总统诞辰。直到 1971 年，当时的总统尼克松宣布从那年起将两个总统诞辰纪念日化为单一的“总统日”，以纪念美国过去所有曾任过职的总统，总统日被定为二月的第三个星期一。

如释重负

1797 年 3 月，华盛顿的接任者亚当斯宣誓就职。新旧总统交接时，华盛顿有一种说不出的轻松感。亚当斯事后对他的夫人说，他觉得华盛顿那时是真的很高兴，好像在说，“现在我下台，你上台，可咱俩究竟是谁最快乐呢”？

赠剑

根据华盛顿的遗嘱，他的 5 个侄子都得到了一把剑，条件是：他们要保证永远“也不会拔剑杀人，除非是为了自卫，或者是为了捍卫祖国的权益。如果是第二种情况，那么一定要拔剑出鞘，宁可剑断人亡也不可放弃”。

把咖啡倒入碟子里

华盛顿有一个习惯，就是在做重要决定前，一定要“拖拖拉拉”地想上几天，而在决定之后，则会坚定不移地贯彻。华盛顿的这种决策作风，对于他个人和美国的成功有着重大意义。

有意思的是，最新的科学研究也支持华盛顿的“好习惯”，也就是说，当你面临要做出一个重要决定时，比如买汽车或房子，最好先去做别的事情，或者干脆睡一觉，把这件事忘掉，让你的无意识参与决策。

一般来说，“有意识思考”在做出不太重要的日常决定时就足够有用了，比如买哪一种牌子的洗发水或毛巾等，但在做更重要的决定时，仅有“有意识思考”是不够的。

那么，为什么有时深思熟虑反而会让人做出不太令人满意的判断呢？

这是因为有多种因素在起作用，首先是意识也有“功能低下”的时候，导致个体只考虑有关联的信息，把这些信息的重要性不适当地夸大了。

引申到一个组织或一个政府的决策行为上就表现为，由于领导者个人或少数精英不可避免地有着较强的主观意识，以及利益或抱负的驱动，使得他们陷于意识功能低下的状态，这个时候，就非常需要进行“无意识思考”，要么过段时间再考虑，要么交由其他部门来思考。这也有助于我们理解美国政治结构的设置。

还是在美国建国之初，杰斐逊曾经问过华盛顿，为什么要同意国会成立一个第二议院，也就是说参议院。

华盛顿没有直接回答他的问题，而是反问道："为什么你把咖啡倒进碟子里?"

"使它凉下来。"杰斐逊答。

"同样，我们把立法倒入参议院的碟子里，让它凉下来。"

这正是问题的精妙所在。换句话说，美国的开国者就是要让两院形成议案冷却的机制，同时也给了国会冷却政府主张的机会。

同样的设计还体现在听证制度上。无论是联邦还是地方，甚至只是一所学校、一个社区，但凡涉及民众的利益或者仅仅是个人的重要利益，都会有规模不同的听证会出现。

这样做至少有两个明显的好处，一是让决策者冷静一下，二是让各方特别是当事方有充分表达意见和建议的时间和空间，避免出现明显有失公正或者伤害民众利益的事情"轻易"发生。

进一步地，这也为游说及缓和社会矛盾留下了余地。

由于在体制上保证了许多决策会被冷却下来，也便为体制外的企业、利益集团和媒体留下了许多通道，即便一扇门关上了，其他几扇门通常还可以进出。

这还产生了一个很好的"政治他律"效应，由于权力不再集中于一两个人手中，局外人更有机会影响决策过程，使得很多重要的、有明显个人谋利机会的决策曝光在民众和媒体注视下，客观上也"保护"了那些有较大权力的决策者。

不仅如此，由于民间的呼声有渠道传递上来，或者通过媒体表达出来，一些误解会较早得到化解，而不满情绪也不会累积起来，影响社会和谐与稳定的因素在相当程度上得到了控制和释放。换句话说，民众的头脑也在不知不觉中变得冷静了，"碟子"不仅保护端咖啡的人不被烫伤，而且也使得喝咖啡的人变得从容。

咖啡在合适的时间进入口中，也实现了咖啡本身的价值。

耐人寻味的是，这种“碟子机制”还产生了一种意外收获。正如哈佛大学肯尼迪政治学院教授史蒂文·凯尔曼所言，进行政治选择所遇到的困难和复杂性使得那些专门参与政治活动的人士如国会议员、政府官员或团体组织领导人的公益精神得到提高。因为，如果说促进自身的利益和积累财富是唯一的目标，那么在私营部门就有许多可以如愿以偿的捷径，这就倾向于把怀有私心的人从政府工作中淘汰（清除）出去。

这是一种迫使人们对职业做出严肃选择的机制。

因为这种决策过程会得到太多方面的关注和影响，想通过暗箱操作谋取利益有着太大难度，那些非常渴望获得丰厚私利的人，与其在这里小心翼翼地端碟子，不如出去全心全意、合理合法地谋取自己的所求，留下那些有耐心、也有热心的人，让咖啡凉下来，也让政坛上的浮躁和功利气氛凉下来。

如果说美国是幸运的，那就是，在开国之初，有了能让人冷静的头脑，也有不贪恋权位的领导者。

和权力保持距离

同样是开国元勋的约翰·亚当斯，曾经有过这样的担心："凡强者无一不竭力攫取一切他们可能获得的权力。"发生在欧洲的复辟故事，发生在世界各地的独裁者的故事，让年轻的共和国的缔造者们隐隐感到不安。但幸运的是，这种担忧在华盛顿那里成为了多余的事情。

华盛顿确曾有过"黄袍加身"的"机会"。

在大陆军取得约克镇战役[1]胜利后，关于美国建立一个怎样的政体的问题浮上了水面，一些对议会不满的军人，开始秘密策划起"劝进"的政治剧。

率先提出这一建议的就是华盛顿的部将、曾任米夫林堡守备司令的刘易斯·尼古拉上校。1782 年 5 月，他致信华盛顿，明确提到了华盛顿做国王的可能性。尼古拉上校的想法并不"孤单"。当时的美国，在欧洲大陆王权盛行的氛围中，许多将士都有这样的思想。

王袍已经准备好了，现在轮到华盛顿做出抉择了。

看上去艰难的选择，在华盛顿这里却显得非常容易，这不仅是因为"劝进"在华盛顿眼里是一种耻辱，更是因为华盛顿对"胜利果实"的珍爱。华盛顿的回信明确、严厉且不留任何余地："我非常意外和吃惊地阅读了你要我深思的意见，我可以明确地告诉你，战争中发生的任何变故都没有像你说的军队中存在的那种想法使我更痛苦。我不得不怀着憎恶的心情看待这种想法，并给予严厉的斥责。"

华盛顿的表态至关重要，因为每个人都知道，这个国家最重要的人物就是华盛顿，如果他不做国王，就不可能有国王。

一个考验刚刚过去，另一个考验接踵而至。次年 2 月，又一个考验出现在华盛顿面前。

与尼古拉直白的来信不同的是，富有才华与缜密心思的汉密尔顿的来信则是娓娓道来。在警告华盛顿的指挥权岌岌可危的同时，汉密尔顿劝诱华盛顿，在必要的时候，可以利用不满的军队的刺刀威力，来保障“正当权益”。

在风暴将至的时刻，华盛顿再次保持了清醒头脑。他知道对权力和利益的角逐是风暴之源，而他的任何暧昧都会使之成为风暴眼。于是，华盛顿果断地答复说，他不能领导将会“造成国内动乱和以流血告终的”行动。

但风暴来势汹汹，一封信看来是无法平息人们内心的躁动。1783 年 3 月 15 日，一次决定美国历史发展方向的军官大会还是召开了。这次会议，在历史学家看来，大概是美国有史以来最为重要的、独一无二的一次会议。在与会者情绪激动的状态下，能否控制局面，对这个年轻的国家是个巨大的考验。

接下来的一幕，与发生在中国北宋初期的“杯酒释兵权”相似，是那种以柔克刚的经典场景。

作为总司令的华盛顿，事前曾暗示说，他本人可能不参加这个会议。因此，当他走上讲台时，众人为之愕然。在人们没有心理准备的情况下，动人的一幕展开了。

华盛顿讲起了自己所献身的事业，他对士兵的爱，以及他对“打开内乱闸门”的担心。渐渐地，台下的情绪开始发生变化。

在演说快要结束的时候，华盛顿想起身上有一封议员写来的保证信，他想念念这封信。他从口袋里把信抽了出来，然后又东摸西摸，这时全场以为是出了什么岔子，将军们有些惶然，一些军官探身向前，紧张得心都缩紧了。而华盛顿，出人意料的是，又从口袋中掏出了一副眼镜。“先生们，”他说，

"请允许我戴上眼镜。为了这个国家，我不光熬白了头发，还差点弄瞎了眼睛。"

人总是容易被柔软的东西打动。

在那一刻，这个朴素但却多少有些感伤的举动感动了在座的将领们，许多人都悄然泪下。而暴政和内乱的乌云，也在顷刻间得以消弭。

这是让杰斐逊感叹的一幕。在他看来，"一个伟人的节制与美德可能使这场革命免于像其他众多的革命那样，以这些革命所希望建立的自由被扼杀而告终"。而远在英国的乔治三世则由衷地说，"若他确实这样做的话，他将成为世界上最伟大的人物"。

伟大的光荣来自后世的裁判

尽管华盛顿在生命的最后一刻，也“不希望在国都建立一座巍然傲立于大街小巷之上的纪念他的什么建筑”，但这个国家却不会忘记他。

在弗农山庄居住的最后日子里，华盛顿感慨地说：“我亲手栽下的树木迅速成长起来，似乎它们已知道我行将衰老，在我与世人告别之际，要用它们的浓荫为我遮阳蔽日。”有幸的是，那些迅速成长的“树木”，在为老人遮阳蔽日的同时，更进一步地汲取了华盛顿的精神财富。

最典型的言辞可见于丹尼尔·韦伯斯特在华盛顿诞辰一百周年纪念会上的讲话：“在新纪元的开端，在新世界的前列，屹立着华盛顿。自华盛顿诞生一百年来，世界变了。这变化的大部分都发生在华盛顿的国土上，而华盛顿本人则是完成这变化的主要人物。他的时代和他的国家是充满了奇迹的时代和国家，而他则是这时代和国家的领袖。”

演讲者说，美国的历史虽然短暂，但华盛顿的伟大足以弥补这一点。

值得一提的是，在去世的时候，华盛顿是全美国最富有的人之一。但是，却并没有一个直系亲属继承他的遗产。华盛顿自己并没有孩子，但有很多非直系的后代。他处理遗产的方式，是把所有的财产，平分成了 23 份，给了这些后代。他的庄园，也分成了 5 份，与此同时，他还在遗嘱中解放了庄园时里的奴隶。在后世的人们看来，“如果说遗嘱中对奴隶问题的处理是他对自由的看法的话，那么对于财产的均分，则是他对于机会平等的一种宣言”。

更有意思的是，华盛顿所具有的“男性力量和美的典范”也成为后世美国青年的向往。为人们津津乐道的是，像在智力活动方面一样，华盛顿在体育锻炼方面也非常活跃，年轻时代就对跑步、跳高、拳击、掷铁圈和投棒等运动感兴趣，他的体格在襁褓时代就强壮有力。

这种朝气和活力，也正预示着一个年轻而有希望的民族的美好未来。从某种意义上说，华盛顿甚至成为最好的理想主义和爱国主义教材，生动而富有说服力。

智慧分享

华盛顿可谓是最不贪恋权位的人，但伟大声望却永远伴随着他。其实，生活中的许多事情，都像蝴蝶一样，你越追逐，她离你越远。

人生的头和尾都是一样的，使人产生区别的，只是中途的作为。带不到另一个世界的东西，恋它作甚？

[1] 美国独立战争中的重要战役。1781 年上半年，连续受挫的英军被迫向海岸地区转移。8 月，英军司令康华里率军抵达弗吉尼亚的约克镇。华盛顿集中优势兵力直奔弗吉尼亚，法军舰队则截断英军海上去路。9 月下旬，美法联军 1.8 万人包围约克镇地区，并发起总攻。10 月 19 日康华里率部 7000 余人投降，至此英军主力被击溃，战事基本结束。

附录一

美国总统年表

任次	总统	政党	任期	备注
1	乔治·华盛顿（George Washington）		1789～1797年	开国总统
2	约翰·亚当斯（John Adams）	联邦党	1797～1801年	
3	托玛斯·杰斐逊（Thomas Jefferson）	民主共和党	1801～1809年	
4	詹姆斯·麦迪逊（James Madison）	民主共和党	1809～1817年	
5	詹姆斯·门罗（James Monroe）	民主共和党	1817～1825年	
6	约翰·昆西·亚当斯（John Quincy Adams）	民主共和党	1825～1829年	父亲是第二任美国总统
7	安德鲁·杰克逊（Andrew Jackson）	民主党	1829～1837年	
8	马丁·范布伦（Martin Van Buren）	民主党	1837～1841年	
9	威廉·亨利·哈里森（William Henry Harrison）	辉格党	1841年	上任一个月后便死在任期内
10	约翰·泰勒（John Tyler）	辉格党	1841～1845年	第一个由副总统接任总统的人
11	詹姆斯·诺克斯·波尔克（James Knox Polk）	民主党	1845～1849年	
12	扎卡里·泰勒（Zachary Taylor）	辉格党	1849～1850年	死于任内
13	米勒德·菲尔莫尔（Millard Fillmore）	辉格党	1850～1853年	

任次	总统	政党	任期	备注
14	富兰克林・皮尔斯 (Franklin Pierce)	民主党	1853～ 1857年	
15	詹姆斯・布坎南 (James Buchanan)	民主党	1857～ 1861年	
16	亚伯拉罕・林肯 (Abraham Lincoln)	共和党	1861～ 1865年	在任内被暗杀致死
17	安德鲁・约翰逊 (Andrew Johnson)	民主党	1865～ 1869年	任内曾遭国会的弹劾动议，以一票之差没有通过
18	尤里西斯・辛普森・格兰特 (Ulysses Simpson Grant)	共和党	1869～ 1877年	
19	卢瑟福・B. 海斯 (Rutherford B. Hays)	共和党	1877～ 1881年	
20	詹姆斯・加菲尔德 (James Garfield)	共和党	1881年	上任半年后被暗杀，死于任内
21	切斯特・A. 阿瑟 (Chester A. Arthur)	共和党	1881～ 1885年	
22	格罗弗・克利夫兰 (Stephen Grover Cleveland)	民主党	1885～ 1889年	
23	本杰明・哈里森 (Benjemin Harrison)	共和党	1889～ 1893年	祖父是第九任美国总统
24	格罗弗・克利夫兰 (Stephen Grover Cleveland)	民主党	1893～ 1897年	曾经担任第22任美国总统，落选一届后再度竞选成功
25	威廉・麦金莱 (William McKinley)	共和党	1897～ 1901年	任内遇刺身亡
26	西奥多・罗斯福 (Theodore Roosevelt)	共和党	1901～ 1909年	
27	威廉・霍华德・塔夫脱 (William Howard Taft)	共和党	1909～ 1913年	
28	伍德罗・威尔逊 (Woodrow Wilson)	民主党	1913～ 1921年	
29	沃伦・G. 哈定 (Warren G. Harding)	共和党	1921～ 1923年	在任内去世

任次	总统	政党	任期	备注
30	卡尔文·柯立芝 (Calvin Coolidge)	共和党	1923～ 1929年	
31	赫伯特·胡佛 (Herbert Hoover)	共和党	1929～ 1933年	
32	富兰克林·德拉诺·罗斯福 (Franklin Delano Roosevelt)	民主党	1933～ 1945年	任期最长的美国总统，连任四届，最后死于任内
33	哈里·S. 杜鲁门 (Harry S. Truman)	民主党	1945～ 1953年	
34	德怀特·D. 艾森豪威尔 (Dwight D. Eisenhower)	共和党	1953～ 1961年	
35	约翰·F. 肯尼迪 (John F. Kennedy)	民主党	1961～ 1963年	任内被暗杀
36	林登·约翰逊 (Lyndon Johnson)	民主党	1963～ 1969年	
37	理查德·尼克松 (Richard Nixon)	共和党	1969～ 1974年	任内因"水门事件"而辞职
38	杰拉尔德·福特 (Gerald Ford)	共和党	1974～ 1977年	唯一一名未经选举就接任副总统，然后接任总统的人
39	吉米·卡特 (Jimmy Carter)	民主党	1977～ 1981年	
40	罗纳德·里根 (Ronald Reagan)	共和党	1981～ 1989年	
41	乔治·H. W. 布什 (George H. W. Bush)	共和党	1989～ 1993年	
42	比尔·克林顿 (Bill Clinton)	民主党	1993～ 2001年	任内国会曾提起弹劾动议，但未获通过
43	乔治·W. 布什 (George W. Bush)	共和党	2001～ 2009年	父亲曾任第41任美国总统
44	巴拉克·奥巴马 (Barack Obama)	民主党	2009年～	

附录二

20世纪美国总统的政绩排名

美国《时代》周刊上世纪末曾发表一篇文章，题为《总统排名表：历史的评判》，9位研究美国总统的历史学家把20世纪17位总统按政绩优劣进行排序：

1. 富兰克林·德拉诺·罗斯福（任期：1933～1945年）

主要功绩：拯救美国摆脱经济大萧条；领导美国经历了最大的一次对外战争。

最大错误：1937年企图改组和操纵最高法院。

历史学家的评语：改变了美国生活的全貌；独一无二，无可比拟；是本世纪最伟大的美国总统。

2. 西奥多·罗斯福（任期：1901～1909年）

主要功绩：打破了托拉斯垄断；扩大了公有土地面积；扩大美国在海外的影响。

最大错误：对拉美事务的干预不太合法。

历史学家的评语：得到肯定的政府的伟大先驱；"行动主义"总统的最佳榜样。

3. 伍德罗·威尔逊（任期：1913～1921年）

主要功绩：建立联邦储备制度；领导美国经历了第一次世界大战并策划成立了国际联盟。

最大错误：未能取得国内对国际联盟的支持。

历史学家的评语：使美国取得重大进步的具有远见卓识的伟人。

4. 哈里·S. 杜鲁门（任期：1945～1953年）

主要功绩：使马歇尔计划付诸实施；组建北约组织；在武装部队中废除了种族隔离。

最大错误：把朝鲜战争的战线拉得太长。

历史学家的评语：冷战战略的设计师；有朴素美德的正派人。

5. 德怀特·D. 艾森豪威尔（任期：1953～1961年）

主要功绩：领导了美国和平安定、空前繁荣时期的工作。

最大错误：不愿解决黑人民权问题。

历史学家的评语：阐明了美国人共有的价值观；没有任何丑闻；使人想起过去的好时光。

6. 罗纳德·里根（任期：1981～1989年）

主要功绩：与苏联的威胁对抗；废弃了"伟大社会"计划。

最大错误：伊朗门事件；国债沉重。

历史学家的评语：带来了巨大的变化；也许是他结束了冷战。

7. 林登·约翰逊（任期：1963～1969年）

主要功绩：通过了老年保健医疗制度、医疗补助制度、民权法和选举权法。

最大错误：发动越南战争。

历史学家的评语：要是没有他，美国也会找到办法给黑人选举权，不过别问我这一切会如何实现；历史上最伟大的国内立法制订者。

8. 约翰·F. 肯尼迪（任期：1961～1963年）

主要功绩：激励了美国人民；创立了和平队；消除了古巴导弹危机。

最大错误：猪湾事件；更深地卷入越南事务。

历史学家的评语：如果他能活得更长一些，也许会是第一流的；避免了一场核战争；对外政策糟糕至极。

9. 乔治·H. W. 布什（任期：1989～1993年）

主要功绩：在海湾战争中建立了国际同盟。

最大错误：违背了“不再增加税收名目”的诺言；经济衰退时在国内几乎没有采取主动行动。

历史学家的评语：处事老练、为人正派的行政官员；缺乏远见。

10. 比尔·克林顿（任期：1993年～2000年）

主要功绩：签署了预算平衡协议；废止了联邦福利保障制度。

最大错误：没有通过保健计划；政府为丑闻所困扰。

历史学家的评语：关于此人，陪审团还在审议他们的裁决。

11. 威廉·霍华德·塔夫脱（任期：1909～1913年）

主要功绩：签署了许多反托拉斯法案，其中包括公司的税收法案。

最大错误：以“金元外交”干预中国和拉美事务，收效甚微。

历史学家的评语：尽管西奥多·罗斯福给他留下大好形

势，但他却没做成任何好事。

12. 杰拉尔德·福特（任期：1974～1977年）

主要功绩：结束了“水门事件”这一“持久的美国噩梦”；使美军撤出越南。

最大错误：赦免尼克松实属不该；拒绝缓解纽约市的金融灾难。

历史学家的评语：使美国恢复正常状态；基本上是毫无建树的总统。

13. 卡尔文·柯立芝（任期：1923～1929年）

主要功绩：削减了联邦税收和开支；按比例减少了德国的战争赔款。

最大错误：未能采取行动预防经济灾难的出现。

历史学家的评语：留下的历史遗产寥寥无几；如果遭遇挑战，可能会更伟大些。

14. 吉米·卡特（任期：1977～1981年）

主要功绩：“戴维营协定”给中东带来暂时的和平。

最大错误：试图从美国驻伊朗大使馆营救52名美国人质，结果搞得一团糟。

历史学家的评语：是他控制不了的形势的牺牲品；当牧师会更好。

15. 理查德·尼克松（任期：1969～1974年）

主要功绩：打开与中国的关系交往；寻求与苏联和解。

最大错误：水门事件——历史上唯一一位辞职的总统。

历史学家的评语：最难评价的总统；美国总统中绝无仅有的失败者。

16. 沃伦·G. 哈定（任期：1921～1923年）

主要功绩：1922年通过谈判达成了国际军备协议。

最大错误：蒂波特山油田租赁丑闻；发生政府官员贪污受贿事件。

历史学家的评语：无论其个人品行有何缺陷，他领导了一段经济增长的时期。

17. 赫伯特·胡佛（任期：1929～1933年）

主要功绩：推行了一些后来被“新政”继承的计划。

最大错误：签署了《斯穆特—霍利关税法案》；在缓解经济大萧条方面没有成效。

历史学家的评语：反萧条的措施死板而且教条；不走运的倒霉蛋。

附录三

美国总统如何致富？

说到美国总统，人们会以为他们应该都是衣食无忧的，但事实上，历任美国总统可谓是贫富差距悬殊，有的可称富翁，有的却在晚年接近破产。导致如此大的差异的，主要还是他们投资的方式。

美国总统中最先“富起来”的，是国父华盛顿。说起华盛顿，很多人都会想到他的农场主身份，但其实，华盛顿的第一份工作是土地测量员。很好的数学基础，使得他对土地和当时最重要的烟草生意都有了清楚的认知，也使得他成了精明的投资者，在此后的土地和烟草生意中颇多斩获。去世时，华盛顿的庄园已价值50万美元，拥有300名奴隶。这在当时可以说是富豪级人物了。

与华盛顿相似的是胡佛。尽管作为总统，胡佛在大萧条时期的表现饱受责难，也成了小罗斯福总统伟大业绩的最佳布景，但在经商上，胡佛却比罗斯福成功多了。胡佛大学时读的是地质学，毕业后做了18年采矿工程师，通过在中国投资煤矿、在缅甸投资银矿、在澳大利亚投资锌矿，胡佛成了最早的能源投资家，40岁时便已拥有400万美元的资产。他的成功，也是与专业有关。

而更多的美国总统，则伴随着美国媒体的发展，赚了许多文字的钱。最早的成功者，是美国历史上评价极低的哈定总统（以其腐败内阁排名倒数第一）。哈定在学校时，就是活跃的报人，做过校刊主编，大学毕业后不久，便与合伙人凑足300美元，买下了几乎停刊的《马里恩明星报》，并担任主编。一举两得的是，哈定不但将报纸办得很红火，赚了不少钱，而且还借助报纸的影响力进了白宫，成为美国第一位进白宫的报人。他的成就，还是源于自己熟悉的领域。青出于蓝的是，哈定将赚钱和事业进步紧密联系在了一起。

到了当代，美国总统借助传媒赚钱已成为风尚，这方面，最典型的是克林顿。由于欠了大量外债，卸任之后，克林顿便迅即踏上了全球演说之旅，仅 2001 年的演讲收入就达 920 万美元，不出 4 年，克林顿夫妇便偿清了所有债务。媒体对此的评价是：靠"一张嘴"，还清千万美元债务。这以后，克林顿夫妇更是连续推出几本畅销书，大赚特赚。在克林顿之后，现任总统奥巴马也通过写书赚了很多钱，并且还赢得了天文数字的"粉丝"，为入主白宫打下了良好的人气基础。

说到演讲，单位时间最赚钱的，当属里根。1989 年 10 月，里根去日本访问 9 天，做了两次 20 分钟的演讲，赚了 200 万美元，即每分钟 5 万美元，这在当时是惊人的数字。不过，演讲收益最大的，还得说是老布什，他 1998 年应环球电讯公司之邀作了一次演讲，获得价值 8 万美元的股票，后来股价升值，这些股票总价值达到了 1400 万美元，真的是天上掉馅饼。

当然也有失意者。在美国历史上，至少有 6 位总统晚景凄凉，其中比较著名的有杰斐逊和门罗。他们大多要么没有投资意识，要么涉足自己不擅长的领域。

堪称美国最伟大的知识分子之一的杰斐逊，在农业投资上却乏善可陈，他在土地、烟草、亚麻方面的投资都很不成功。遗憾的是，当时的媒体很不发达，如果生在当下，杰斐逊用一支笔便足以富甲一方了。

美国总统的投资经，对投资者很有启发，那就是要赚自己熟悉的钱，在自己熟悉的领域赚钱，通过自己最擅长的本事赚钱，不能像杜鲁门那样，学法律的，却要投资采矿、石油和男装生意，结果均告失败。只是后来投身到熟悉的法律工作上，杜鲁门才改变了负债累累的财政状况，并顺利进军政坛。

附录四

第一夫人：白宫中的特别风景

在美国，“第一夫人”常被称作是“这个国家第二棘手的工作”，但有意思的是，大多数第一夫人都对白宫生活充满兴趣，并将与丈夫携手经历白宫的风雨岁月视为难得的人生经历，甚至是自己的最大快乐之一。

说起第一夫人，就不能不提到第11任总统波尔克的夫人萨拉。在波尔克的政治生涯中，萨拉是丈夫的私人秘书和政治顾问，她热爱政治，并以丈夫的事业为自己生命的中心（在波尔克当选总统后，她表现得比丈夫还要快乐许多）。在萨拉带着一片赞誉之声离开华盛顿之时，也为后世的第一夫人留下了深刻的印记。

真正引起全国性好感的，当属第19任总统卢瑟福·海斯的夫人露西·海斯。这位美丽的第一夫人于1877年随丈夫进入白宫，很快便以出色的女主人和丈夫的政治伙伴的形象出现在公众面前，新闻界对这位富有人情味和智识的总统夫人表现出浓厚兴趣，而白宫的雇员也非常喜欢这位邀请他们参加感恩节晚宴的女主人。由于露西喜欢孩子，喜欢小动物，喜欢音乐，没有种族偏见，白宫很快便成为了一个充满趣味、积极向上的世界，那种气氛在多年后仍为人们所怀念。

作为第一位拥有大学学历的第一夫人，露西有着强烈的平等意识，其政治观念较海斯总统进步得多。尽管海斯反对奴隶制，但他并不是废奴运动的热情支持者，但露西改变了他的观点，她甚至最终说服他站在那些逃亡奴隶的立场上，为他们说话，这在当时已是十分难得。不仅如此，露西还对妇女选举权十分感兴趣，并呼吁改善妇女的生活环境，她在白宫禁酒的举动也可谓绝无仅有。为了赞美和接近大自然，露西还与海斯总统一起游历了整个国家，此间被新闻界称之为“国家的第一夫人”，有人认为这是“第一夫人”这一称呼的首次使用。

尽管只在白宫停留了 4 年，但露西对第一夫人们的影响是深远的。在她之后，第一夫人们普遍表现出第一夫人“工作”的主动性，并很自然地成为总统、政府乃至国家的形象工程的一部分。

弗朗西丝可谓是美国历史上最牛的第一夫人。1886 年，当弗朗西丝·克利夫兰进入白宫时，这位有着惊人魅力、有着无数追求者，同时又是历史上第一位与在任总统结婚的女子（当时她 21 岁，克利夫兰总统 48 岁），很快便成为媒体和公众关注的焦点，用历史学家的话说，“从此整个美国和他们的第一夫人开始了长期的恋情”。

弗朗西丝的大受欢迎显然提升了总统的名望，并且使之破天荒地在谋求连任失败 4 年后再次回到白宫，至今为人们所津津乐道的是，在 1889 年克利夫兰总统黯然离开白宫时，乐观的弗朗西丝向伤心地送别她的白宫工作人员说了后来成为名言的一句话，她保证会在 4 年后回来。在 1892 年的竞选中，弗朗西丝的肖像出现在克利夫兰的竞选宣传品上，位于克利夫兰本人之上。再入白宫的弗朗西丝依然广受欢迎，她与总统的恩爱成为美谈，她的社交活动极其成功，她的品位引领了时尚……这样的第一夫人在美国历史上并不多见，在她之后，也只有肯尼迪夫人可与之媲美。

有意思的是，这以后的许多第一夫人都与总统先生的性格和兴趣表现出互补性。柯立芝总统是个不爱说话，缺乏激情的人，而他的夫人格雷斯却是个富有魅力、热情洋溢的人，在进入白宫后，她不仅弥补了丈夫在社交魅力上的不足，还大大提高了总统先生的受欢迎程度，崇拜她的白宫工作人员甚至把她称作“阳光”。

林登·约翰逊总统的夫人伯德则是另一种典型。与粗暴、强硬的约翰逊不同的是，伯德女士是一位非常有忍耐力的人，被约翰逊身边的人认为是唯一能使约翰逊克制自己脾气的人，一方面是由于她的冷静和慎重能中和约翰逊的专横与易怒，另一方面则是由于她的睿智和敏锐为约翰逊所信服。令人难忘的是，伯德还领导并发起了美化和保护环境运动。

同样值得一提的，还有重修白宫的西奥多·罗斯福的夫人伊迪丝，第一位主动联系媒体的第一夫人海伦·塔夫脱，极富人道主义色彩的伍德罗·威尔逊的夫人埃伦，与富兰克林·罗斯福总统携手面对国家危机的埃莉诺，她们都给世人留下了深刻印象。更主要的是，这些成功的第一夫人与另外一些不太成功的第一夫人形成的鲜明对比，给后来的第一夫人和有望成为第一夫人的人定下了一个基调。

并非巧合的是，走进21世纪的几位第一夫人都是非同凡响、颇为吸引眼球的人：克林顿夫人希拉里，才华横溢，风采照人；小布什夫人劳拉则兼具贤妻良母和公益夫人角色，是比小布什受欢迎度高得多的人；奥巴马夫人米歇尔则不仅有才干，也有亲和力。

不过，尽管这些“第一夫人”风采各异，但有些特征却是共同的，那就是都比较独立，富有个人魅力，与丈夫关系和谐，亲民而个性阳光。在她们身上，既有新女性的影子，也有露西、弗朗西丝、伊迪丝等前任第一夫人的浓烈色彩，仅就个人而言，她们较其夫君一点都不逊色，而且付出的也一点都不少。

正如美国学者罗伯特·沃森所言，是到了承认第一夫人们的成就并对她们在历史上的地位给予恰当评价的时候了。